DEIN COACH ZUM ERFOLG!

Dein ActiveBook auf MySTAR

Du kannst auf alle digitalen Inhalte (Prüfung
2022, interaktive Aufgaben, MindCards, Glo
online zugreifen. Registriere dich dazu unter
www.stark-verlag.de/mystark
mit deinem **persönlichen Zugangscode:**

C09140-000131

Die Inhalte dieser Auflage stehen bis 31.7.2024 zur Verfügung.

MySTARK

Das ActiveBook *bietet dir:*

- Viele interaktive Übungsaufgaben zu prüfungsrelevanten Kompetenzen
- Tipps zur Bearbeitung der Aufgaben
- Sofortige Ergebnisauswertung und Feedback
- MindCards und digitales Glossar zum gezielten Üben und Wiederholen zentraler Inhalte

DEIN COACH ZUM ERFOLG!

So kannst du interaktiv lernen:

Interaktive Aufgaben

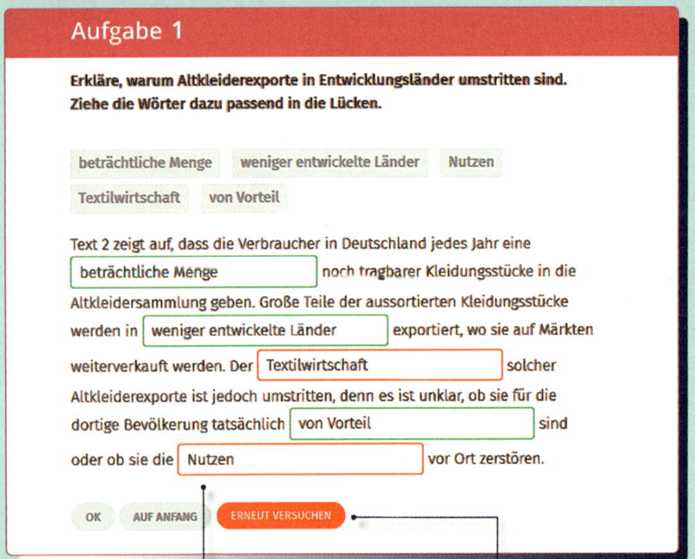

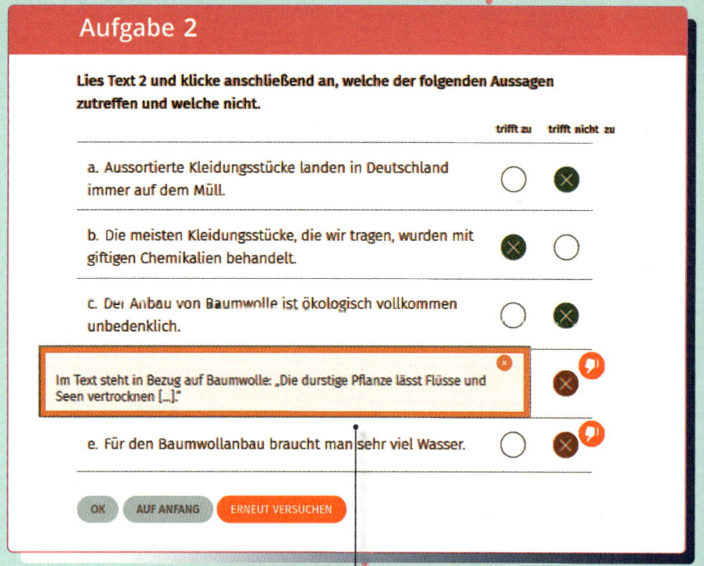

Sofortige Ergebnisauswertung

Zwei Versuche pro Aufgabe

Hilfreiche Tipps zum Lösen der Aufgaben

Digitales Glossar

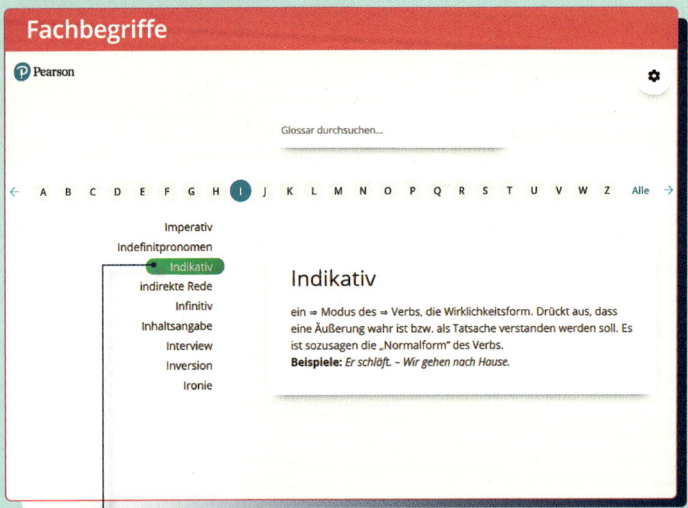

Schnelles Nachschlagen von Fachbegriffen

Web-App „MindCards"

Merkwissen gezielt üben und wiederholen

Individuelles Lernen nach dem Karteikartensystem

Systemvoraussetzungen:
- Mindestens 1024×768 Pixel Bildschirmauflösung
- Chrome, Firefox oder ähnlicher Webbrowser
- Internetzugang
- Adobe Reader oder anderer kompatibler PDF-Reader

Direkt zu den MindCards

2023

Training

Abschlussprüfung

Realschule Bayern

Deutsch

STARK

Bildnachweis
S. 1: Norebbo. Shutterstock
S. 3: eyetronic/AdobeStock
S. 4: © beboy. Shutterstock
S. 11: Ingvar Bjork. 123rf.com
S. 15: © 123rf.com
S. 34: hvostik. Shutterstock
S. 40: © zimmytws/Fotolia.com
S. 42: © vladimir voronin/123RF (links), © Aigars Reinholds/123RF (rechts)
S. 64: bigemrg. 123rf.com
S. 88: © Stark Verlag
S. 103: Staats- und Universitätsbibliothek Hamburg Carl von Ossietzky,
CC BY SA 4.0
S. 109: Kirill__M. Shutterstock
S. 116: Ron Chapple Studios/Dreamstime.com

Zwischenblätter:
„Training Grundwissen“: © william87/Fotolia.com (oben), © Stark Verlag (Mitte), © Zoonar/Christine Langer-Püschel (unten)

„Übungsaufgaben im Stil der Abschlussprüfung“: © Bilderbox.com (oben), © Zoonar/Photographer: B-D-S (Mitte), Zoonar/Polylooks (unten)

16. neu bearbeitete und ergänzte Auflage
www.stark-verlag.de

Inhalt

Interaktive Aufgaben: Erschließen eines literarischen Textes

*Über den QR-Code kannst du **Lernvideos** zu wichtigen Rechtschreibregeln abrufen.*

B Übungsaufgaben im Stil der Abschlussprüfung

C Musteraufgaben des ISB Bayern

D Original-Abschlussprüfung 2022

Sobald die Original-Prüfungsaufgaben 2022 freigegeben sind, können sie als PDF auf der Plattform MyStark heruntergeladen werden (Zugangscode vgl. Farbseiten vorne im Buch).

Autorinnen und Autoren:
Thomas Killinger (Training Grundwissen: Materialgestütztes Argumentieren; Übungsaufgaben 1 und 2)
Marion von der Kammer (Training Grundwissen: Erschließen eines pragmatischen und literarischen Textes; Gut und richtig schreiben)
Redaktion (Übungsaufgabe 3)

Interaktives Prüfungstraining

ActiveBook Interaktives Training

Dieses Buch umfasst auch ein interaktives Prüfungstraining fürs Lernen am Computer oder Tablet. Zum ActiveBook gelangst du über die Online-Plattform *MyStark*. Nutze dafür den vorne im Buch eingedruckten **Link** und deinen persönlichen **Zugangscode**.
Im Folgenden siehst du das Inhaltsverzeichnis zum ActiveBook. Die abgebildeten **Symbole** findest du auch auf anderen Seiten im Buch wieder. Sie zeigen dir, zu welchen Kompetenzbereichen es im ActiveBook **zusätzliche interaktive Aufgaben** gibt.

Inhalt ActiveBook

Interaktive Aufgaben
Aufgaben mit Hinweisen, Tipps und sofortiger Auswertung zu allen Aufsatzarten der Prüfung:

1 Materialgestütztes Argumentieren
2 Erschließen eines pragmatischen Textes
3 Erschließen eines literarischen Textes

MindCards
Interaktive Lernkarten zum intensiven Üben und Wiederholen zentraler Stilmittel und Fachbegriffe. Die MindCards sind für die Arbeit am Smartphone/Tablet bestens geeignet. Du kannst sie auch über den QR-Code vorne im Buch abrufen.

Digitales Glossar
Einfaches und schnelles Nachschlagen von Fachbegriffen, wie z. B. Textsorten, Stilmittel, Grammatikwissen

Lernvideos
Wenn du den QR-Code mit deinem Smartphone oder Tablet scannst, kannst du Lernvideos abrufen, die dir wichtige Rechtschreibregeln erläutern.
Im Hinblick auf eine eventuelle Begrenzung deines Datenvolumens empfehlen wir, dass du dich beim Ansehen der Videos im WLAN befindest.

Vorwort

Liebe Schülerin, lieber Schüler,

mit dem vorliegenden Buch kannst du dich eigenständig und gründlich auf die **Abschlussprüfung an Realschulen im Fach Deutsch** vorbereiten. Wenn du **frühzeitig** mit deinem Training beginnst und die einzelnen Kapitel gewissenhaft durcharbeitest, bist du für alle Anforderungen der Prüfung gut gerüstet.

- Anhand der folgenden **zehn Fragen und Antworten** kannst du dir zuerst einmal einen Überblick über den Ablauf und die Besonderheiten der bayerischen Abschlussprüfung verschaffen. Sollten nach Erscheinen dieses Buches noch wichtige **Änderungen** für die **Prüfung 2023** bekannt gegeben werden, findest du aktuelle Informationen auf der Plattform *MyStark*.
- Im **Training Grundwissen** werden **alle prüfungsrelevanten Aufgabentypen** ausführlich wiederholt und anhand zahlreicher **Übungen** gefestigt. Einprägsame **Tipps**, zahlreiche **Hinweise** sowie Übersichten, in denen alles **auf einen Blick** zusammengefasst wird, helfen dir, deine Fähigkeiten gezielt auf Prüfungsniveau zu trainieren. Du erfährst, wie die einzelnen Aufgaben aussehen können und wie du sie **Schritt für Schritt** bearbeitest.
- Mit den anschließenden **Übungsaufgaben im Stil der Abschlussprüfung** und den offiziellen **Musteraufgaben des ISB Bayern** trainierst du selbstständig die zielsichere und erfolgreiche Bearbeitung der Prüfungsaufgaben. Am besten führst du zu Hause schon einmal eine „eigene" Prüfung durch. So lernst du, dir die Prüfungszeit sinnvoll einzuteilen.
- Die **Original-Abschlussprüfung** des Jahres 2022 steht dir auf der Plattform *MyStark* als Download zur Verfügung. Die Original-Aufgaben dienen dir ebenfalls zur gezielten Prüfungsvorbereitung und zeigen dir noch einmal genau, was dich in der konkreten Prüfungssituation erwartet.

Zu diesem Band ist ein separates **Lösungsbuch** (Best.-Nr. C09140L) erhältlich. Darin findest du zu allen Aufgaben **ausführliche Lösungsvorschläge** mit hilfreichen Hinweisen und Tipps zur selbstständigen Bearbeitung.

Weitere **Übungsaufgaben im Stil der neuen Abschlussprüfung** sind in unserem Band „Realschule – Original-Prüfungsaufgaben mit Lösungen" (Best.-Nr. C09140K) enthalten.

Viel Spaß beim Üben und vor allem viel Erfolg in der Prüfung!

Die Abschlussprüfung – 10 wichtige Fragen und Antworten

Was wird in der Prüfung von dir verlangt?

1 Mit deinem Prüfungsaufsatz zeigst du, dass du im Laufe deiner Schulzeit im Fach Deutsch vielfältige Kenntnisse erworben hast. Bis zur Prüfung lernst du im Unterricht **drei verschiedene Aufgabentypen** (Materialgestütztes Argumentieren, Erschließen von pragmatischen Texten, Erschließen von literarischen Texten) kennen. Zu diesen wird dir in der Abschlussprüfung jeweils eine Aufgabe gestellt.

Welche Arten von Aufgaben gibt es?

2 Dir liegen also in der Prüfung drei Aufgaben vor, aus welchen du **eine Aufgabe auswählst** und bearbeitest.

Materialgestütztes Argumentieren

- Beim **materialgestützten Argumentieren** musst du dir Gedanken zu einem vorgegebenen Thema machen und dieses in einer schlüssigen Argumentation darstellen. Hierzu stehen dir als Grundlage und Anregung für die Ideenfindung eine Reihe von **Materialien** zur Verfügung, die dir verschiedene Informationen über das Thema anbieten. Hier kommt es auch darauf an, dass du die passenden Informationen aus den Materialien auswählst und an geeigneter Stelle in deinen Aufsatz einbindest. Unter den Materialien können kurze Texte, Tabellen, Schaubilder, Fotos u. Ä. sein. Zusätzlich sollst du auch auf dein Erfahrungswissen zum vorgegebenen Thema zurückgreifen und eigene Ideen in deinen Aufsatz einfließen lassen.

Erschließen von pragmatischen Texten/ Erschließen von literarischen Texten

- Beim **Erschließen von Texten** wird geprüft, ob du in der Lage bist, einen Text zu **verstehen** und dein Textverständnis schriftlich zum Ausdruck zu bringen. Beim **Erschließen von pragmatischen Texten** erhältst du einen journalistischen Text, z. B. einen Bericht, eine Reportage oder eine Glosse, zur Bearbeitung. Beim **Erschließen von literarischen Texten** bekommst du einen erzählenden Text, z. B. eine Kurzgeschichte, einen Romanauszug oder eine Erzählung. Den jeweiligen Text musst du zuerst in Bezug auf **drei Aspekte** (Inhalt, Sprache, eine weitere Besonderheit des Textes) untersuchen. Darüber hinaus werden dir noch **zwei Aufgaben** gestellt, die an den Text anknüpfen. Bei der vierten Teilaufgabe sollst du zu einer Aussage des Textes oder zu einer Problem- bzw. Fragestellung, die der Text aufwirft, eine **argumentative Schreibaufgabe**, d. h. eine **begründete Stellungnahme** verfassen. Als fünfte Teilaufgabe wird dir eine **kreative Schreibaufgabe** gestellt. Diese verlangt häufig von dir, dass du dich in eine bestimmte Person hineinversetzt und aus ihrer Sicht ein persönliches Schreiben verfasst (z. B. einen persönlichen Brief oder einen Tagebucheintrag). Es kann auch sein, dass du zu einem Text eine Fortsetzung schreiben sollst oder dass du den dargestellten Handlungsverlauf in eine andere Textsorte umgestalten sollst.

Weshalb ist eine Gliederung nötig?

3 Beim **materialgestützten Argumentieren** musst du zusätzlich zu deinem Prüfungsaufsatz eine **Gliederung** abgeben, die auch in die Bewertung eingeht. In der Gliederung gibst du eine kurze, geordnete **Übersicht**, mit der sich deine Deutschlehrkraft schnell über Inhalt und Aufbau deines Aufsatzes informieren kann. Zugleich erstellst du mit der Gliederung auch einen **Schreibplan**, der dir dabei hilft, dass du deinen Aufsatz in der vorher festgelegten Reihenfolge anlegst und dabei nichts Wichtiges vergisst. Daher kann es auch beim Erschließen von Texten sinnvoll sein, einen solchen Schreibplan zu erstellen, auch wenn du ihn nicht abgeben musst.

Wie viel solltest du schreiben?

4 Der **Umfang einer Arbeit** lässt keine Aussage über ihre Qualität zu. Achte aber darauf, dass du alle Teilbereiche, die eine Aufgabe von dir fordert, vollständig bearbeitest. Alle Aufsatzarten, die in der Prüfung von dir verlangt werden, sind in Einleitung, Hauptteil und Schluss gegliedert. Du kannst dich hinsichtlich ihrer Länge (bei normaler Schriftgröße) an folgenden **Richtwerten** orientieren:

- Eine **Einleitung** umfasst etwa eine Viertelseite.
- Der **Hauptteil** sollte nicht unter vier Seiten beanspruchen. Die Bearbeitung der argumentativen und kreativen Schreibaufgabe (Teilaufgaben 4 und 5) beim Erschließen von Texten sollte jeweils eine bis eineinhalb Seiten umfassen.
- Der **Schluss** kann bis zu einer halben Seite lang sein.

Wird auch die Rechtschreibung gewertet?

5 Ja! Natürlich sollst du deine Texte möglichst fehlerfrei schreiben. Das betrifft nicht nur die richtige **Schreibung** der Wörter, sondern auch die **Zeichensetzung**. Vergiss also nicht, dort, wo es nötig ist, Kommas zu setzen. (Achtung: Du solltest natürlich auch nicht zu viele Kommas setzen! Satzglieder werden niemals vom Rest eines Satzes abgetrennt!) Auch die Sprachrichtigkeit spielt eine Rolle bei der Benotung, das heißt, du musst dich unbedingt darum bemühen, Sätze zu schreiben, die **grammatisch korrekt** sind. Du solltest auch darauf achten, dass du immer den richtigen Kasus verwendest: Beispielsweise musst du genau unterscheiden, ob es *dem Mann* oder *den Mann* heißt.

Wie läuft die Prüfung ab?

6 Eigentlich verläuft die Prüfung wie eine normale Schulaufgabe. Der Unterschied besteht nur darin, dass du mehr Aufgaben bearbeiten musst. Dafür hast du aber auch etwas mehr **Zeit** (insgesamt **240 Minuten**) zur Verfügung.
Während der Prüfung darfst du zwischendurch auch etwas essen oder trinken (aber natürlich nur Kleinigkeiten!). Zur Toilette dürft ihr nur einzeln und außerhalb der Pausen gehen. (Es wird von den Aufsicht führenden Lehrkräften genau aufgeschrieben, wer zu welcher Zeit den Raum verlassen hat.)

Wie gehst du am besten vor?

7 Wenn deine Lehrerin oder dein Lehrer die Aufgaben ausgeteilt hat, verschaffst du dir am besten erst einmal einen **Überblick** über die Texte und Aufgaben. Dann solltest du rasch eine **Entscheidung** treffen, damit du zügig mit der Arbeit beginnen kannst. Überlege, welche Themenstellung deiner Vorbereitung und deinem Wissen am meisten entspricht. Wichtig ist eine gute **Zeiteinteilung**; diese kennst du vermutlich schon von den Schulaufgaben im Fach Deutsch. Räume dir Zeit ein für die Arbeit an der Aufgabe bzw. dem Text für Planung, Gliederung und Ausformulierung des Aufsatzes. Dadurch kannst du Zeitdruck vermeiden.

Wie bereitest du die Niederschrift des Aufsatzes vor?

8 Das Schreiben des Aufsatzes braucht eine gute **Vorarbeit**. Diese solltest du vor dem Prüfungstag geübt haben, um sie zu beherrschen. **Sammle** deine Ideen zum materialgestützten Argumentieren oder zum Erschließen von pragmatischen bzw. literarischen Texten auf einem Notizblatt. Markiere mit verschiedenen Farben, Ziffern oder Symbolen zusammengehörige Aspekte. In welcher Reihenfolge du deine Aussagen **anordnen** willst, legst du in deiner Gliederung oder deinem Schreibplan fest. Schreibe dann deinen Aufsatz und halte dich dabei an deine Gliederung bzw. deinen Schreibplan.

Was machst du, wenn du mit dem Schreiben fertig bist?

9 Nachdem du deinen Aufsatz fertig geschrieben hast, solltest du ihn unbedingt noch einmal **genau durchlesen**. Versuche, ihn mit den Augen einer anderen Person zu lesen. Überlege, ob alle deine Aussagen so formuliert sind, dass auch jemand, der sich nicht so intensiv mit dem Thema oder mit dem Text auseinandergesetzt hat wie du, alles gut verstehen kann. Im Zweifel solltest du nicht davor zurückschrecken, auch einmal ein Wort (oder mehrere Wörter) durchzustreichen, wenn du merkst, dass du dich ungeschickt ausgedrückt hast. Achte aber darauf, dass deine Lehrerin bzw. dein Lehrer beim Lesen keine Mühe hat. Es empfiehlt sich z. B., dass du deine „Schwachstellen" nummerierst und die Korrekturen übersichtlich auf ein Extrablatt schreibst. Wenn du noch genügend Zeit hast, kannst du auch eine Reinschrift von deinem Aufsatz anfertigen. Lies danach unbedingt noch einmal deinen Text durch, um zu überprüfen, ob dir bei der Abschrift Fehler unterlaufen sind.

Wie kannst du dich auf die Prüfung vorbereiten?

10 Wenn du dieses Buch aufmerksam gelesen und durchgearbeitet hast, bist du bestimmt sehr gut vorbereitet! Allerdings kommt es auch darauf an, **wie** du dabei vorgehst. Es genügt nicht, dass du die einzelnen Kapitel nur möglichst rasch überfliegst. Du solltest richtig **aktiv** mit diesem Buch umgehen.

- Im Kapitel „Training Grundwissen" gibt es zu jedem Bereich **kleine Übungen**, die du unbedingt bearbeiten solltest, ehe du dir die Lösungen anschaust.
- Auf die Prüfungssituation selbst kannst du dich gut vorbereiten, wenn du zu jedem Aufgabentyp eine **Übungsaufgabe im Stil der Abschlussprüfung** oder eine **offizielle Musteraufgabe des ISB** selbstständig bearbeitest.
- Mit der **Original-Abschlussprüfung** kannst du schon einmal den „Ernstfall" trainieren.
- Im separaten **Lösungsband** (Best.-Nr. C09140L) bekommst du zahlreiche **Hinweise**, wie du an die Aufgaben herangehen und sie Schritt für Schritt lösen kannst. Wenn du mit einer Aufgabe nicht gleich zurechtkommst, liest du dir am besten zuerst den Hinweis durch und bearbeitest dann selbstständig die Aufgabe. Anschließend kannst du deinen Aufsatz mit der Lösung vergleichen und gegebenenfalls korrigieren oder ergänzen.

Training Grundwissen

Materialgestütztes Argumentieren

Interaktive Aufgaben: Materialgestütztes Argumentieren

MindCards: Wichtiges wiederholen

Beim **materialgestützten Argumentieren** sollst du ein vorgegebenes, meist aktuelles Thema umfassend analysieren und von verschiedenen Seiten betrachten. Dabei versuchst du, mit **Argumenten** zu überzeugen. Dies gelingt dir nur, wenn du deine aufgestellten **Behauptungen** stichhaltig **begründest**, mit vielfältigen **Beispielen** veranschaulichst und auch **Folgen** und **Wirkungen** bedenkst. Du solltest aber nicht nur Argumente anführen, sondern am Schluss auch zu einem (begründeten) **Ergebnis** gelangen.

Wenn du dich bei der Auswahl der Prüfungsthemen für diese Aufsatzform entscheidest, sind für dich Fähigkeiten wie **logisches Denken**, überzeugende inhaltliche Darstellung und natürlich auch gewandter Schreibstil und Kenntnisse in Rechtschreibung und Grammatik unerlässlich. Außerdem solltest du über viel **Sach- und Allgemeinwissen** verfügen. Dieses kann aus deinem eigenen Erfahrungsbereich, dem Unterricht oder aus verschiedenen Medien stammen.

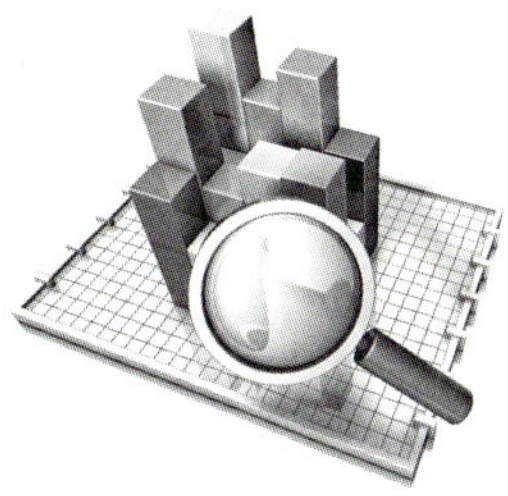

In der Prüfung werden dir zusätzliche **Informationen** z. B. in Form von Texten, Schaubildern, Zitaten, Umfragen, Diagrammen, Auszügen aus Internetforen, Interviews zur Verfügung gestellt. Diese Informationen musst du auswerten und in deine Argumentation mit **einbeziehen**. Es ist wichtig, dass du auch **eigene Ideen** und Argumente in deine Argumentation einbringst, da diese in die Bewertung deines Aufsatzes einfließen. Es reicht daher nicht aus, wenn du dich ausschließlich auf Informationen aus den Materialien beziehst, denn nicht immer geben sie zu allen Aspekten der Fragestellung Hinweise. Die Materialien können dir aber **Anregungen** bieten, um deine Argumentation z. B. um Fakten zu ergänzen. Du kannst sie in **allen Teilen** deines Aufsatzes **einsetzen:**

- entweder als Ideenquelle für die **Einleitung** und den **Schluss**
- oder innerhalb des **Hauptteils**, um Behauptungen, Begründungen und Beispiele für deine Argumente zu finden.

Schritt für Schritt

Halte dich beim materialgestützten Argumentieren an die folgenden Arbeitsschritte:

Arbeitsschritt 1	Untersuche, was in der Aufgabenstellung von dir verlangt wird (**Analyse des Themas**).
Arbeitsschritt 2	**Werte die Informationsmaterialien aus** und lege fest, wofür du sie benutzen willst und kannst, z. B. Einleitung, Behauptung, Begründung, Beispiel.
Arbeitsschritt 3	Lege eine ausführliche **Stoffsammlung** an.
Arbeitsschritt 4	**Ordne** die Stoffsammlung so, dass eine sinnvolle **Gliederung** entsteht.
Arbeitsschritt 5	Schreibe eine zum Thema hinführende **Einleitung**.
Arbeitsschritt 6	Verfasse den **Hauptteil**, indem du stichhaltig argumentierst.
Arbeitsschritt 7	Formuliere einen treffenden **Schluss** (Ergebnis).
Arbeitsschritt 8	**Überprüfe** deinen Aufsatz.

1 Das Thema analysieren

Eine gute materialgestützte Argumentation erfordert eine gründliche **Vorarbeit**. Der erste Schritt dazu ist eine genaue **Untersuchung der Aufgabenstellung**. Lies dazu das Thema mehrmals durch. Um alles Wichtige auch richtig zu erfassen und um zu vermeiden, dass du am Thema vorbeiargumentierst oder gar eine Themaverfehlung droht, solltest du das Thema nach folgenden Punkten untersuchen und die Ergebnisse gleich schriftlich notieren:

- **Themabegriffe:**
  Sie geben allgemein das Thema an und sind die Grundlage für deine Argumentation. In diesem Beispiel ist der Themabegriff in einem Vorspann vorangestellt (siehe Tipp unten).

  Beispiel

  Der Wald ist für viele Menschen ein Ort, an dem sie Kraft schöpfen können. Welche Bedeutung hat der Wald für die Menschen? Welchen Gefährdungen ist er ausgesetzt?

Tipp

Wozu dient der Vorspann?

Einige Erörterungsthemen enthalten neben den Themafragen auch einen Vorspann zum eigentlichen Thema, z. B.:

Der Wald ist für viele Menschen ein Ort, an dem sie Kraft schöpfen können. Welche Bedeutung hat der Wald für die Menschen? Welchen Gefährdungen ist er ausgesetzt?

Die hier unterstrichene **Hinführung** zum Thema enthält noch keinen Erörterungsauftrag. Lies den Vorspann trotzdem gründlich durch. Er kann …

- bereits einen oder mehrere **Themabegriffe** enthalten,
- unterschiedliche **Aspekte** des Themas nennen oder einen **aktuellen Bezug** herstellen und dir so einen Ausgangspunkt für weitere Überlegungen bieten,
- dir **Fakten zum Thema** an die Hand geben, die nicht mehr diskutiert werden müssen.

- **Einschränkungen:**
  Die Themafrage wird häufig durch weitere Angaben eingeschränkt, z. B. hier durch den Zusatz „für die Menschen". Die einschränkenden Angaben können sich auch auf einzelne Personengruppen (z. B. Schüler*innen, Jugendliche), Lebensbereiche (z. B. Schule, Arbeitswelt) usw. beziehen.

  Beispiel

  Der Wald ist für viele Menschen ein Ort, an dem sie Kraft schöpfen können. Welche Bedeutung hat der Wald für die Menschen? Welchen Gefährdungen ist er ausgesetzt?

- **Erörterungsauftrag:**
  Er präzisiert, welche Gesichtspunkte des Themas du genau erörtern musst. Dieser Erörterungsauftrag ist nicht immer einheitlich. Er kann z. B. als Frage (Themafrage) formuliert sein.

  Beispiel

  Der Wald ist für viele Menschen ein Ort, an dem sie Kraft schöpfen können. Welche Bedeutung hat der Wald für die Menschen? Welchen Gefährdungen ist er ausgesetzt?

Manchmal ist der Erörterungsauftrag aber auch als Aussagesatz formuliert.

Beispiel

Der Wald ist für viele Menschen ein Ort, an dem sie Kraft schöpfen können. Erörtern Sie die Bedeutung des Waldes für die Menschen und die Gefährdungen, denen er ausgesetzt ist.

Die Analyse ergibt, dass das **Thema** der Erörterung „der Wald" ist (Themabegriff). Der **Erörterungsauftrag** verlangt von dir sowohl die Darstellung der Bedeutung des Waldes für die Menschen als auch die Gefährdungsursachen.

Tipp

Wie erkennst du, welche Aspekte des Themas du erörtern musst?

Häufig wirst du in **Aussagesätzen** aufgefordert, zu einem oder mehreren Sachverhalten Stellung zu nehmen, z. B. so:
- Stelle Gründe und Gefahren dar.
- Zeige Probleme und Möglichkeiten auf.
- Erörtere Ursachen und Folgen.

Um den Erörterungsauftrag besser zu verstehen, kann es dir helfen, den **Aussagesatz** in eine Themafrage **umzuformulieren**, z. B. so:

Lärm schadet dem Menschen. Erörtere Ursachen und Folgen. (Aussagesätze)
→ *Welche Ursachen kann Lärm haben und welche Folgen ergeben sich daraus für den Menschen?* (Themafragen)

Wenn du das Thema vollständig analysiert hast (Themabegriff, Einschränkungen und Erörterungsaufträge), solltest du überprüfen, ob du dir unter dem **Themabegriff** etwas vorstellen kannst bzw. ihn verstehst. Das kann in einem kurzen **Brainstorming** geschehen. Dazu notierst du alles, was dir spontan dazu einfällt. Ist der Themabegriff fachlich anspruchsvoller, bewährt sich die Form einer kurzen **Definition**. Dies ist auch schon eine wichtige Vorarbeit für die Stoffsammlung.

Beispiel

Brainstorming zum Thema: „Der Wald ist für viele Menschen ein Ort, an dem sie Kraft schöpfen können. Erörtern Sie die Bedeutung des Waldes für die Menschen und die Gefährdungen, denen er ausgesetzt ist."
Welche unterschiedlichen Arten von Wäldern gibt es? – Nadelwälder, Laubwälder, Mischwälder, tropische Regenwälder, Bergwälder, Auenwälder, Urwald
Wodurch können Menschen im Wald Kraft schöpfen? – Wandern, Naturbeobachtungen, Joggen, saubere Luft, Ruhe, ausgeglichene Temperaturen, Pilze sammeln, Vogelgezwitscher

Übung 1

1. Lies dir folgende Themen genau durch, markiere zunächst den Themabegriff, dann die Einschränkung(en) und schließlich alle Wörter, die zum Erörterungsauftrag gehören, jeweils in einer anderen Farbe. Anschließend notierst du deine Ergebnisse unter dem entsprechenden Begriff. (→ Heft)
   a) Während ihrer Schulzeit absolvieren Schülerinnen und Schüler ein Betriebspraktikum. Dies hat einige Vorteile.
   b) Laut Wissenschaftlerinnen und Wissenschaftlern leiden Kinder immer häufiger unter Bewegungsmangel. Welche Ursachen hat diese Entwicklung? Erläutere Möglichkeiten, diesem Problem zu begegnen.
   c) Erörtere, warum es als Jugendliche*r wichtig ist, Fremdsprachen zu lernen. Welche Mittel gibt es deiner Meinung nach, das Erlernen von Sprachen innerhalb der Schule zu fördern?

2. Formuliere zu den Themen aus Aufgabe 1 jeweils die **vollständigen** Themafragen. Achte dabei darauf, dass sowohl Themabegriff als auch Einschränkung(en) und Erörterungsaufträge enthalten sein müssen. Formuliere einen oder zwei Fragesätze.

3. Definiere folgende Begriffe. (→ Heft)

   Hinweis: Wenn du dir unsicher bist, kannst du in einem Lexikon oder auf einer entsprechenden Internetseite nachschlagen.
   a) Drogen
   b) Freizeit
   c) Medien
   d) Klimawandel

4. Notiere, was dir spontan in einem Brainstorming zu den nachfolgenden Themabegriffen einfällt. (→ Heft)
   a) Museum
   b) Sport
   c) Computerspiele

Art einer Erörterung

Insgesamt werden **drei Arten** von Erörterungen unterschieden. Welche Art der Erörterung vorliegt, kannst du daran erkennen, **wie viele Themafragen** beantwortet werden müssen und ob eventuell deine **eigene Meinung** zum Thema gefragt ist.

- **Eingliedrige Erörterung:**
  Es muss nur **eine Themafrage** beantwortet werden. Du sollst also nur einen Teilbereich des Themas erörtern (auch „lineare Erörterung" genannt). Häufig geht es hierbei um Gründe oder Ursachen, die genauer dargestellt werden müssen.
  Welche Ursachen hat der Anstieg von gewaltsamen Ausschreitungen jugendlicher Fußballfans? Beispiel

- **Zweigliedrige Erörterung:**
  Du musst ein Thema aus zwei unterschiedlichen Blickwinkeln betrachten. Die Aufgabenstellung enthält **zwei Themafragen**, die verschiedene Aspekte des Themas ansprechen, z. B. Ursachen und Gegenmaßnahmen.
  Viele Kinder und Jugendliche haben Übergewicht. Was sind die Ursachen und wie kann diesem Problem begegnet werden? Beispiel

  Eine Sonderform der zweigliedrigen Erörterung ist die sogenannte **dialektische Erörterung**. Hier wird ein Thema von zwei entgegengesetzten Seiten beleuchtet, z. B. indem Vor- und Nachteile oder Pro- und Kontra-Argumente einander gegenübergestellt werden.
  Welche Argumente sprechen für und gegen ein Verbot von Feuerwerkskörpern? Beispiel

- **Mehrgliedrige Erörterung:**
  Diese Art der Erörterung enthält **mehrere Themafragen**. Bei einer mehrgliedrigen Erörterung musst du drei oder mehr Aspekte des Themas berücksichtigen.
  Immer wieder kommt es nach Diskothekenbesuchen zu schweren Pkw-Unfällen. Erörtere, warum die Fahrt mit dem Auto gerade nach dem Diskothekenbesuch so gefährlich ist und warum viele junge Menschen trotzdem nicht darauf verzichten wollen. Welche Gegenmaßnahmen sind möglich? Beispiel

1. Unterstreiche die Begriffe, die den Erörterungsauftrag enthalten. Kreuze anschließend an, um welche Art der Erörterung es sich handelt. Übung 2

		eingliedrig	zweigliedrig	dialektisch	mehrgliedrig
a)	Sonntags einkaufen? – Immer wieder hört man die Forderung danach. Was spricht dafür, was dagegen?	☐	☐	☐	☐
b)	Welche Bedeutung haben Museen? Wie kann ihre Attraktivität für junge Menschen gesteigert werden?	☐	☐	☐	☐

		ein-gliedrig	zwei-gliedrig	dialek-tisch	mehr-gliedrig
c)	Inwiefern stellt Sport ein Mittel zur Förderung der Gesundheit dar?	☐	☐	☐	☐
d)	Warum ist Einkaufen über das Internet so beliebt? Welche Gefahren sind für die Kundinnen und Kunden damit verbunden und wie können Geschäfte in den Innenstädten erfolgreich konkurrieren?	☐	☐	☐	☐

2. Formuliere die als Aussagesätze vorliegenden Erörterungsaufträge in Fragesätze um.

   a) Extremsportarten finden immer mehr Zulauf. Erörtere die Gründe.

   b) Politiker aller Parteien haben die Ganztagsschule als Wahlkampfthema entdeckt und somit eine öffentliche Diskussion angeregt. Erörtere Vor- und Nachteile dieser Schulform.

   c) Warum sind Fernsehserien, in denen Menschen in ihrem Alltag gezeigt werden, so beliebt? Erörtere Kritikpunkte an dieser Art von Sendung.

3. Führe eine genaue Analyse des nachfolgenden Themas durch. Beantworte die Fragen in der Tabelle und notiere deine Ergebnisse.

   Thema: *Der Klimawandel wird längst nicht mehr angezweifelt. Erörtere mögliche Folgen und Maßnahmen, der Erderwärmung entgegenzuwirken.*

Fragen zur Themaanalyse	**Analyseergebnisse**
Was steht im **Vorspann**?	
Wie lautet der **Themabegriff**?	
Welche **Einschränkungen** werden genannt?	

Fragen zur Themaanalyse	**Analyseergebnisse**
Wie lautet der **Erörterungsauftrag**?	
Um welche **Art der Erörterung** handelt es sich?	

4. Formuliere zum Thema aus Aufgabe 3 die vollständigen **Themafragen**. Achte darauf, dass sowohl Themabegriff als auch eventuelle Einschränkungen und Erörterungsaufträge enthalten sein müssen. Formuliere ein bis zwei Fragesätze.

5. Wozu dient der Vorspann beim Thema „Klimawandel“ (vgl. Tipp, S. 2)?
   a) Kreuze alle zutreffenden Antworten an.

   Der Vorspann …

   ☐ enthält bereits einen oder mehrere Themabegriffe.
   ☐ nennt unterschiedliche Aspekte des Themas.
   ☐ stellt einen aktuellen Bezug her und bietet damit einen Ausgangspunkt für weitere Überlegungen.
   ☐ gibt Fakten an die Hand, die nicht mehr diskutiert werden müssen.

   b) Begründe kurz deine Entscheidung. Stichpunkte genügen.

2 Eine Stoffsammlung anfertigen

Die Stoffsammlung ist die **Grundlage** für deine materialgestützte Argumentation, deswegen solltest du hier besonders **gründlich** arbeiten. Notiere zunächst stichwortartig alle deine Ideen zum Thema. Um eine ausführliche Stoffsammlung anzufertigen, bieten sich **mehrere Möglichkeiten** an. Du kannst deine Ideen beispielsweise mithilfe von W-Fragen oder einem Cluster sammeln. Wähle die Methode aus, mit der du am besten arbeiten kannst.

2.1 Methoden zur Stoffsammlung

W-Fragen-Methode

Um ein Thema umfassend zu bearbeiten, ist es notwendig, dass du möglichst **viele Aspekte** des Themas erkennst. Die W-Fragen-Methode hilft dir dabei, keine wichtigen Punkte zu vergessen.

Auf einen Blick

Hinweis: Nicht alle W-Fragen passen zum jeweiligen Thema. Notiere dennoch so viele Fragen und Antworten wie möglich. Im Nachhinein kannst du immer noch Unpassendes streichen.

Übung 3

Wende die W-Fragen-Methode an, um an folgende Themenstellung strukturiert heranzugehen: *Der Klimawandel wird längst nicht mehr angezweifelt. Erörtere mögliche Folgen und Maßnahmen, der Erderwärmung entgegenzuwirken.*

1. Ergänze die Liste der W-Fragen um mindestens drei weitere Fragen.
   - Was sind eindeutige Beweise für eine Veränderung des Klimas?
   - Welche Bereiche der Umwelt sind vom Klimawandel betroffen?
   - Welche Auswirkungen hat der Klimawandel auf das Leben der Menschen?

2. Beantworte alle in Aufgabe 1 aufgelisteten W-Fragen mithilfe deines eigenen Wissens.

   Hinweis: Es ist nicht schlimm, wenn dein Wissen noch nicht ausreicht, um alle Fragen umfassend zu beantworten. Mithilfe der Informationsmaterialien kannst du deine Antworten später ergänzen.

Cluster-Methode

Clustern eignet sich besonders gut zum **schnellen und spontanen** Sammeln von Ideen. Dabei muss noch **keine Struktur** erkennbar sein. Schreibe zunächst den **Themabegriff** in einen Kasten in die Mitte eines Blattes. Ordne ihm anschließend **weitere Begriffe** zu, die mit dem Themabegriff in Verbindung stehen, und verbinde sie durch Striche mit dem Ausgangskasten.

Hinweis: Für ein Cluster brauchst du viel Platz. Um ein möglichst übersichtliches Ergebnis zu erzielen, nimmst du am besten ein DIN-A4-Blatt, das dir ausschließlich für die Stoffsammlung zur Verfügung steht.

Übung 4

Sammle **eigene Ideen** zum nachfolgenden Thema. Fertige dazu eine Stoffsammlung mithilfe der Cluster-Methode an. (→ Heft)

Thema: *Der Klimawandel wird längst nicht mehr angezweifelt. Erörtere mögliche Folgen und Maßnahmen, der Erderwärmung entgegenzuwirken.*

2.2 Auswerten von Informationsmaterialien

Erst wenn du das Thema richtig verstanden hast, solltest du eine Stoffsammlung mit eigenen Ideen anfertigen und dich anschließend an die **Auswertung der Materialien** machen. Denn nur dann gelingt es dir, aus den vorgegebenen Texten, Schaubildern, Interviews etc. **treffende Informationen** herauszufiltern. Achte bei der Auswertung der Materialien darauf, dass sich die Informationen, die du ihnen entnimmst, **auf das Thema** beziehen. Unterscheide dabei auch zwischen **wichtigen** und **unwichtigen Informationen**. Nachdem du die Materialien ausgewertet hast, **ergänzt** du deine Ideensammlung um diese Informationen.

Lies zur Bearbeitung des Themas zunächst die dir vorliegenden Materialien durch und überlege, welche Informationen du für deinen Aufsatz brauchen kannst. Denke daran, dass die Materialien nur als **Ergänzung für deine Stoffsammlung** dienen sollen.

Schritt für Schritt

Leitfaden zum Auswerten von Informationsmaterialien

Arbeitsschritt 1	**Sieh** dir **den Erörterungsauftrag genau an**. Er gibt dir Hinweise, worauf du bei der Auswertung der Materialien besonders achten sollst.
Arbeitsschritt 2	**Lies** alle Texte, Interviews etc. genau durch.
Arbeitsschritt 3	**Markiere** interessante und für das Thema wichtige Informationen.
Arbeitsschritt 4	Nimm **wichtige Informationen** in deine **Stoffsammlung** auf.
Arbeitsschritt 5	**Kennzeichne** wörtliche **Übernahmen** aus den Materialien als Zitat.

Material 1: Was ist der Klimawandel?

Klimawandel gab es auf der Erde schon immer. Da diese Erwärmungen und Absenkungen der Temperatur sehr langsam passierten, hatte die Natur immer genug Zeit, sich auf die bevorstehenden Veränderungen vorzubereiten. Doch zurzeit hat es die Erde mit einer von Menschen gemachten globalen Erwärmung zu tun. Diese geht im Vergleich zu den früheren Wandeln sehr schnell vonstatten, was katastrophale Folgen für Umwelt, Tiere und Menschen nach sich ziehen könnte.
In den letzten 100 Jahren haben Forscher einen Anstieg der Durchschnittstemperatur von ungefähr 0,8 °C gemessen. Bis zum Jahr 2100 wird durch den Klimawandel mit einem Anstieg von bis zu 6,5 °C gerechnet, wenn nichts dagegen getan wird. Schon ab 2 °C wird es zu schwerwiegenden Auswirkungen kommen, wie Jahrhundertfluten, Dürren und gigantischen Wirbelstürmen. Der Klimawandel entsteht durch den Treibhauseffekt.

Quelle: Jugendorganisation Bund Naturschutz. Niklas: In: www.jbn.de/kampagnen/klimawandel/klimawandel-erklaert/

Übung 5

1. Beantworte stichpunktartig die folgenden W-Fragen zu **Material 1**.
   a) Wer ist für den aktuellen Klimawandel verantwortlich und warum ist dieser so gefährlich?

____

____

____

b) Wer oder was ist von den Folgen betroffen?

____

____

____

____

c) Welche Folgen werden im Text genannt?

____

____

____

____

2. Erstelle eine kurze Übersicht über die im Text genannten Zahlen und Daten.

- ____
- ____
- ____

3. Markiere in Material 1 alle Stellen, die für Argumente geeignet wären, blau und für die Einleitung geeignete Passagen orange.

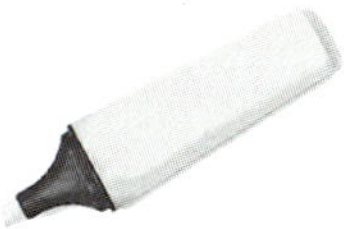

Material 2: Klimawandel: Ernste Risiken für Europa

Auswirkungen für Mensch und Ökosystem
[...] Die Veränderungen des Klimas haben auch auf Mensch und Gesellschaften messbare Auswirkungen, wie der Bericht betont. So waren bereits die vergangenen Hitzewellen für den vorzeitigen Tod von Zehntausenden Europäern verantwortlich, Hochwasser und Überschwemmungen betrafen Millionen Menschen entlang der europäischen Flüsse und Küsten. Durch die Ausbreitung exotischer Zecken- und Mückenarten steigt zudem das Risiko für die Übertragung von Infektionskrankheiten wie West-Nil-Fieber, Denguefieber, Chikungunyafieber und Leishmaniose.

Messbare wirtschaftliche Folgen
Nach Schätzungen des Berichts sind allein durch klimabedingte Wetterextreme seit 1980 im europäischen Wirtschaftsraum zusätzliche Kosten von mehr als 400 Milliarden Euro entstanden. Mit Fortschreiten des Klimawandels muss jedoch mit höheren Kosten gerechnet werden. „Die wirtschaftlichen Schäden könnten selbst für einen moderaten Klimawandel hoch sein und werden für Szenarien mit stärkerer Erwärmung signifikant ansteigen", so die Forscher. [...]

Quelle: www.natur.de/de/10/Themen.html?search=ernste+risiken+für+europa&x=2&y=8

Übung 6

1. **Material 2** enthält Informationen über die Folgen des Klimawandels.
   a) Vervollständige die Lücken im Kopf der Tabelle, indem du die Bereiche benennst, zu denen Aussagen gemacht werden.
   b) Fasse danach jeweils die Auswirkungen in Stichpunkten zusammen.

Auswirkungen auf den ______________	**Auswirkungen auf die** ______________

2. Werte nun die Stichpunkte in der Tabelle im Hinblick darauf aus, für welchen Teil eines Arguments sie geeignet wären. Markiere mögliche Behauptungen blau, Begründungen gelb und Beispiele grün.

   Hinweis: Oft kannst du aus der Auswertung der Materialien neue Argumente ableiten und die Inhalte als Begründungen und Beispiele verwenden.

Material 3: So schadet der Verkehr dem Klima

Ausstoß von Treibhausgasen einzelner Verkehrsmittel in Deutschland pro Person und Kilometer bei durchschnittlicher Auslastung (in Gramm CO_2-Äquivalenten*) Stand 2014

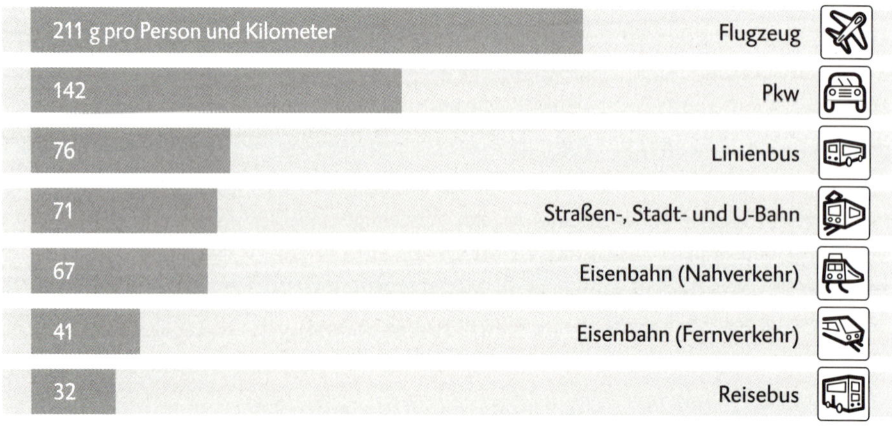

* Da sich Treibhausgase in unterschiedlichem Maß auf die globale Erwärmung auswirken, wurde die Menge von Methan und Distickstoffoxid so umgerechnet, dass sie der Klimaschädlichkeit von Kohlendioxid entspricht.

Quelle: Eigene Darstellung nach: www.umweltbundesamt.de/themen/verkehr-laerm/emissionsdaten#textpart-3

1. Werte das Diagramm aus **Material 3** danach aus, wie umweltfreundlich die Verkehrsmittel bei der alltäglichen Benutzung oder beim Verreisen sind. Übung 7

   a) Erstelle ein Ranking, welche der Verkehrsmittel am wenigsten Treibhausgase pro Person und Kilometer erzeugen. Trage die Verkehrsmittel dazu in die entsprechenden Kästen ein.

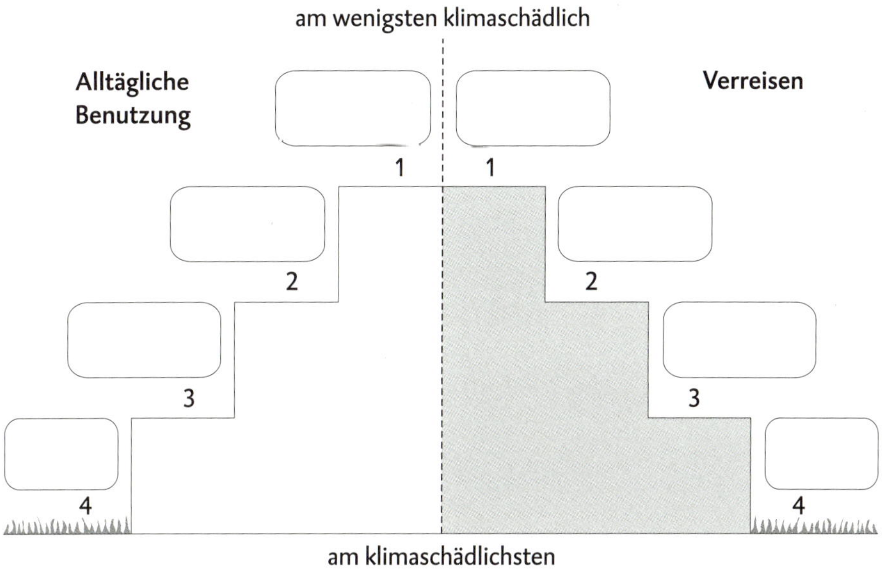

   b) In den nachfolgenden Aussagen wird der Treibhausgasausstoß der Verkehrsmittel miteinander verglichen. Kreuze alle zutreffenden Aussagen an.

   - ☐ Der Treibhausgasausstoß eines Pkws ist mit 142 g pro Person und Kilometer doppelt so hoch wie bei Straßen-, S- und U-Bahn.
   - ☐ Beim Auto liegt der Wert etwa 100 g pro Person und Kilometer über dem der Eisenbahn im Fernverkehr.
   - ☐ Der Wert der ausgestoßenen Treibhausgase ist beim Linienbus etwa halb so hoch wie bei Straßen-, S- und U-Bahn.
   - ☐ Bei Linienbussen ist der Wert fast um die Hälfte niedriger als bei Pkws.
   - ☐ Bei der Eisenbahn im Fernverkehr beträgt der Ausstoß nur ein Fünftel im Vergleich zum Flugzeug.
   - ☐ Noch günstiger als die Eisenbahn im Nahverkehr kommt der Reisebus davon, dessen Treibhausgasausstoß nochmals 9 g darunterliegt.

2. Formuliere jeweils eine zum Thema „Klimawandel“ (siehe S. 9) passende Behauptung in Form eines knappen Gliederungspunktes zur alltäglichen Benutzung von Verkehrsmitteln und zum Verreisen.

   Alltag: ______________________________

   Verreisen: ______________________________

Material 4: CO_2-Ausstoß weltweit

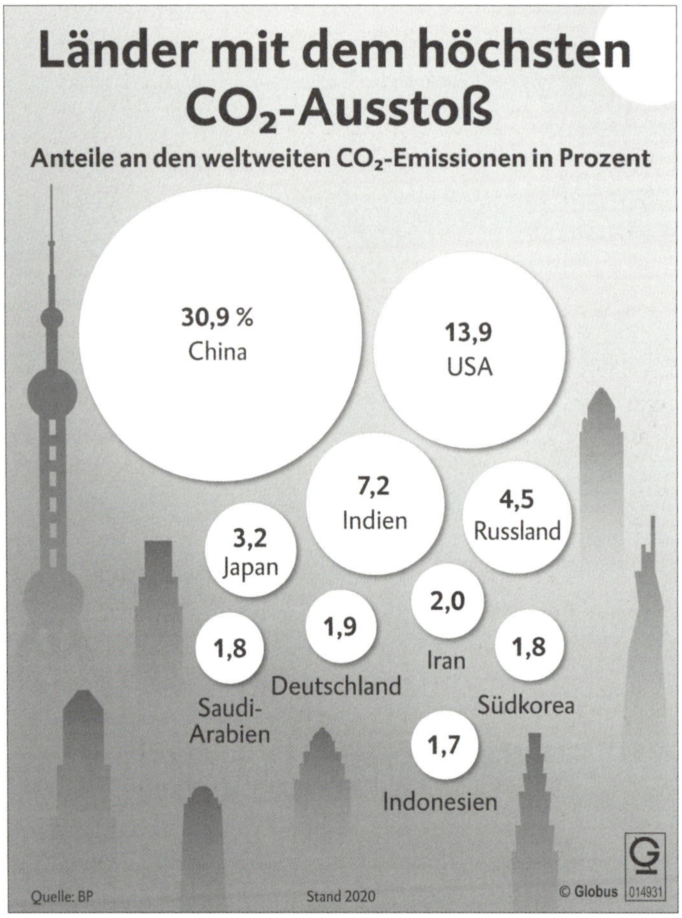

Quelle: picture alliance/dpa/dpa-infografik GmbH

Übung 8

Betrachte die Infografik aus **Material 4** eingehend, bis du sie verstehst. Kreuze anschließend an, ob nachfolgende Aussagen zum Schaubild richtig oder falsch sind.

	richtig	falsch
Indien liegt auf Rang 3 der Länder mit dem höchsten CO_2-Ausstoß.	☐	☐
Alle Rekordhalter außer Deutschland sind Länder, die in Asien liegen.	☐	☐
Die zehn aufgeführten Staaten sind für mehr als zwei Drittel des weltweiten CO_2-Ausstoßes verantwortlich.	☐	☐
Der CO_2-Ausstoß Deutschlands lag 2020 bei 1,8 Milliarden Tonnen.	☐	☐
Der Iran lag 2020 auf Rang 6 beim CO_2-Ausstoß.	☐	☐
Für fast ein Drittel des Ausstoßes von CO_2 ist China verantwortlich.	☐	☐
Japan, Russland und Indien sind gemeinsam für genauso viel CO_2 verantwortlich wie die USA allein.	☐	☐

Material 5: Energie sparen im Haushalt – Hinsehen lohnt sich

Wenn klar ist, wo die Stromfresser stecken, fällt der nächste Schritt schon leichter. Zum Beispiel der Austausch alter Geräte wie Kühlschrank, Waschmaschine oder Trockner gegen sparsamere Modelle mit einer hohen Energieeffizienzklasse. [...] Das Energielabel auf jedem Produkt gibt Orientierung beim Neukauf. Grundsätzlich rechnet sich die Neuinvestition schneller, je häufiger das Gerät im Einsatz ist.
Überlegen Sie außerdem, welches Gerät am besten zu Ihnen passt: Ein zu groß dimensionierter Kühlschrank ist trotz hoher Effizienzklasse ein unnötiger Kostenverursacher. [...]
[Die jährliche Menge an CO_2] lässt sich ganz leicht reduzieren: Einfach indem Sie Ihren Fernseher, PC, Drucker oder die Espresso-Maschine richtig ausschalten, statt sie im Stand-by-Modus zu lassen. Elektrogeräte im Stand-by-Betrieb verbrauchen weit mehr Energie, als vielen bewusst ist. Bis zu 100 Euro können Sie beim Verzicht auf den Stand-by-Modus sparen!

Quelle: www.innogy.com/web/cms/de/3108320/fuer-zuhause/energieverbrauch-optimieren/energie-sparen-im-haushalt/

1. Unterstreiche im Text aus **Material 5** alle Aussagen, die verdeutlichen, durch welche Maßnahmen jede einzelne Person dazu beitragen kann, die Belastung für die Umwelt zu reduzieren. **Übung 9**

2. Formuliere mithilfe des Textes zwei konkrete Behauptungen und baue diese zu vollständigen Argumenten aus, indem du die Informationen aus Material 5 sinnvoll verwendest und gegebenenfalls durch eigene Überlegungen ergänzt. (→ Heft)

Material 6: Folgen der Klimaerwärmung

Wetterextreme wie Stürme, Orkane, Hurrikane und Starkregen mit Überschwemmungen, aber auch Dürre- und Hitzeperioden verbunden mit Wassermangel werden in der Folge häufiger und stärker ausfallen mit entsprechend erhöhten Schadensfolgen. Die Häufung von wetterbedingten Naturkatastrophen in den letzten Jahren (z. B. Hochwasser) wird von vielen Wissenschaftlern als Folge der Klimaerwärmung gesehen. [...] Das Klima kann sich regional erheblich verändern, sodass in manchen Regionen Probleme bei der Wasser- und Nahrungsversorgung drohen, während andernorts z. B. der Niederschlag oder die Sonneneinstrahlung zunimmt, was zu günstigeren Wachstumsbedingungen führen kann. So könnten sich z. B. in Deutschland die Weinanbaugebiete weiter nach Norden verlagern. [...]
Viele Arten werden die Klimaerwärmung nicht überleben. Korallenriffe z. B., die nach den Regenwäldern artenreichsten Ökosysteme, sind z. T. schon durch die Erderwärmung des Wassers abgestorben und in weiten Bereichen bedroht. [...]
Das Abschmelzen der Gletscher, des Grönland-Eises und der Polkappen sowie die Wärmeausdehnung des Wassers erhöhen den Meeresspiegel. [...] Weite Teile von Regionen, die höchstens 7 m über dem Meeresspiegel liegen [...], können dauerhaft überschwemmt werden. Manche Inseln werden auf immer im Meer versinken.

Quelle: Heinz Ziegeldorf. In: www.Agenda21-treffpunkt.de/lexikon/Klimawandelfolgen.htm (gekürzt und leicht verändert)

In **Material 6** erfährst du einiges über die Folgen des Klimawandels. Trage die entsprechenden Informationen zusammen und notiere sie in Stichpunkten. (→ Heft) **Übung 10**

Material 7: Klimaschutzgesetz der Bundesregierung

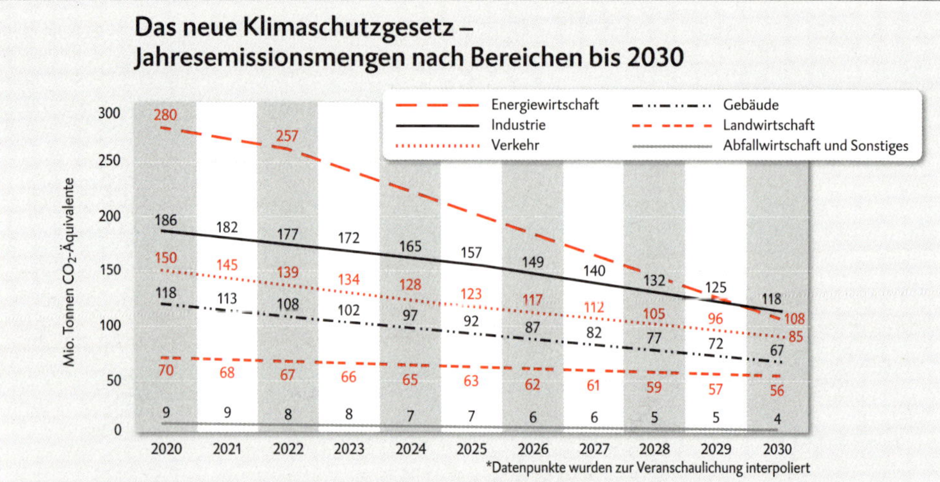

• Für **2031 bis 2040** legt das Klimaschutzgesetz jährliche **Gesamtminderungsziele** fest. • **Bis 2040** müssen mindestens **88 % weniger Treibhausgasemissionen** ausgestoßen werden • **Ab 2045** schreibt das Klimaschutzgesetz **Treibhausgasneutralität** vor, **nach 2050 negative Emissionen** (wir entnehmen der Atmosphäre netto Treibhausgase).

Quelle: Eigene Darstellung nach BMU

Übung 11

Betrachte die Infografik aus **Material 7** eingehend, bis du sie verstehst. Bearbeite anschließend die nachfolgenden Aufgaben. Achte dabei genau auf die Kurvenverläufe im Schaubild, bevor du eine Antwort formulierst. Schreibe, wo nicht anders angegeben, ganze Sätze. (→ Heft)

a) Beschreibe in zwei bis drei Sätzen, worum es in dem Schaubild geht.

b) Benenne die Bereiche, in denen die Jahresemissionsmengen gesenkt werden sollen. Überlege dir zur Veranschaulichung auch Beispiele für die einzelnen Bereiche und notiere sie. Stichpunkte genügen.

c) In welchem Bereich soll bis 2030 am meisten CO_2 (in absoluten Zahlen) eingespart werden und wie viel konkret?

d) Wie hoch soll der prozentuale Rückgang bis 2030 im Bereich „Abfallwirtschaft und Sonstiges“ betragen?

e) Um wie viele Millionen Tonnen CO_2-Äquivalente (= Maßeinheit zur Vereinheitlichung der Klimawirkung der unterschiedlichen Treibhausgase) soll der Ausstoß im Bereich „Verkehr“ zwischen 2022 und 2030 sinken?

f) Erkläre kurz, was mit dem Begriff „negative Emissionen“ im weißen Kasten gemeint ist.

Material 8: Vorteile des Klimawandels?

Quelle: © Klaus Stuttmann

Übung 12

1. Betrachte die Karikatur aus **Material 8**, bis du sie verstehst, und beantworte dann nachfolgende Fragen in ganzen Sätzen. (→ Heft)
   a) Erkläre kurz, welche Stadt im Hintergrund dargestellt ist und woran du dies erkennst.
   b) Erläutere, inwiefern der Klimawandel dazu führen könnte, dass die Ostseeküste bis zum Rand der dargestellten Stadt vorrückt.
   c) Die Strandszene erinnert an einen typischen Urlaub am Mittelmeer. Stelle kurz dar, inwieweit sich dies mit dem Klimawandel begründen lässt.

2. Formuliere nun die beiden Hauptaussagen dieser Karikatur, indem du den Satz vervollständigst.

   Die Karikatur „Vorteile des Klimawandels?" (Material 8) von Klaus Stuttmann zeigt …

   ____

   ____

   ____

   ____

   ____

   ____

   ____

2.3 Informationen sammeln

Übung 13 Ergänze die Stoffsammlung in Form eines Clusters. Trage zunächst die Informationen ein, die du in den Übungen 5–12 zum Thema gesammelt hast. Notiere hinter jedem Stichpunkt in Klammern, aus welchem Material die Informationen stammen. Ergänze das Cluster anschließend durch deine eigenen Ideen aus Übung 4.

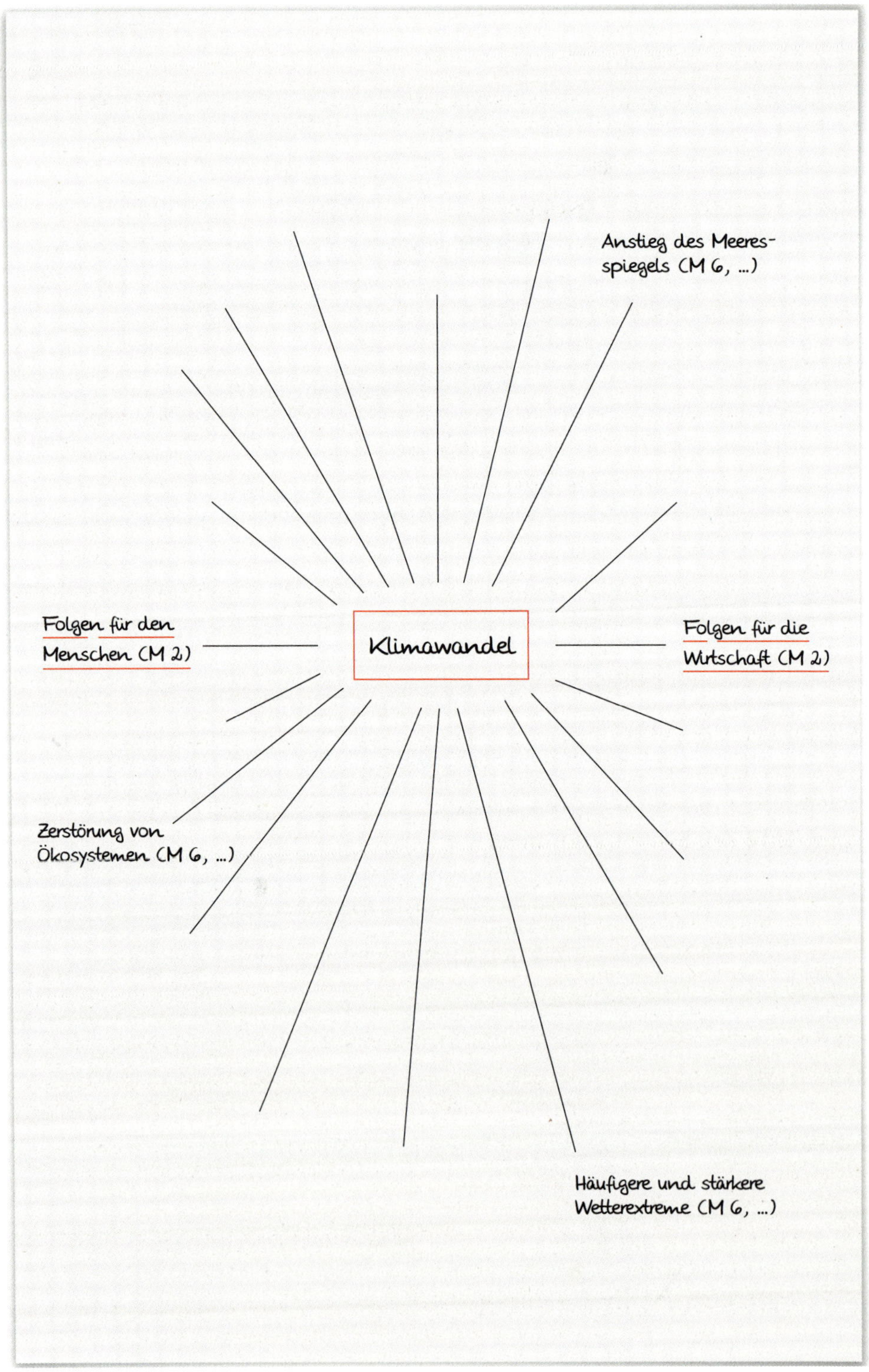

3 Den Stoff ordnen

Die **Ideen**, die du gesammelt hast, musst du nun sinnvoll **ordnen**. Unabhängig davon, ob du deine Stoffsammlung mithilfe der W-Fragen-Methode oder eines Clusters erstellt hast, gehst du bei der Stoffordnung immer nach den gleichen Arbeitsschritten vor.

Schritt für Schritt

Eine Stoffordnung erstellen

Arbeitsschritt 1	Überlege, welche Gedanken und **Begriffe** inhaltlich **zusammengehören**, und kennzeichne diese, indem du sie z. B. mit der gleichen Farbe markierst.
Arbeitsschritt 2	**Streiche** Punkte, die sich doppeln oder nicht zum Thema passen.
Arbeitsschritt 3	Finde nun für zusammengehörende Aspekte geeignete **Oberbegriffe**.
Arbeitsschritt 4	Achte darauf, dass alle **Oberbegriffe** auch zu den Erörterungsaufträgen **passen**.
Arbeitsschritt 5	Ergänze anschließend zu jedem Oberbegriff **passende Ideen für Argumente**.

Mindmap

Eine **Mindmap** ist eine gute Methode, um **Gedanken** zu **strukturieren**. Im Gegensatz zum Cluster hat sie eine vorgegebene Struktur, die sich an der Themenstellung orientiert. Der **Themabegriff** steht bei einer Mindmap in der Mitte. Um ihn herum gruppieren sich die **Teile des Erörterungsauftrags bzw. der Themafrage**, sofern es sich um eine zwei- oder mehrgliedrige Erörterung handelt. Davon zweigen wiederum Äste ab, die zu den **Oberbegriffen** und von dort zu den **Argumenten** führen.

Tabelle

Eine weitere Möglichkeit ist die **tabellarische Stoffordnung**, bei der du eine Tabelle anlegst, die am besten für jede **Themafrage** eine **Spalte** enthält. Anschließend kannst du die **Oberbegriffe** mit deinen dazugehörigen Ideen für **Argumente** den Spalten zuordnen.

Hinweis: Du solltest grundsätzlich die Variante zur Stoffordnung wählen, mit der du am besten arbeiten kannst.

Tipp

Wie findest du geeignete Oberbegriffe?

Manchmal ist es schwierig, passende Oberbegriffe zu finden. Die W-Fragen-Methode kann dir nicht nur helfen, Ideen zu sammeln, sondern sie auch zu strukturieren. Die Antworten auf die W-Fragen eignen sich oftmals als Oberbegriffe.
Überlege daher …

- für **wen/was** das Thema von Bedeutung ist, z. B.: *Welche Bereiche der Umwelt sind vom Klimawandel betroffen?*
- **welche Auswirkungen** das Thema hat, z. B.: *Welche Auswirkungen hat der Klimawandel auf das Leben der Menschen?*
- für **welche Bereiche** Maßnahmen (gegen ein Problem) ergriffen werden können, z. B.: *In welchen Bereichen kann man Maßnahmen ergreifen, um der Erderwärmung entgegenzuwirken?*

Übung 14

Thema: *Der Klimawandel wird längst nicht mehr angezweifelt. Erörtere mögliche Folgen und Maßnahmen, der Erderwärmung entgegenzuwirken.*

1. Finde Oberbegriffe für deine Ideen mithilfe folgender W-Frage:
   „Welche Bereiche des Planeten sind von den Folgen des Klimawandels betroffen?"

   Vervollständige die Oberbegriffe, indem du die betroffenen Bereiche benennst. Orientiere dich dabei an den Ideen im Cluster auf S. 18 und an den Materialien 2 und 6.

   Folgen für ______________________________

   Folgen für ______________________________

   Folgen für ______________________________

   Folgen für ______________________________

2. Nicht immer lassen sich alle Argumente so einfach wie in Aufgabe 1 in passende Oberbegriffe einsortieren. Daher ist es oft notwendig, die Struktur der Oberbegriffe noch einmal zu überarbeiten und mithilfe anderer W-Fragen an die Suche heranzugehen.

   Kreuze den jeweils genau passenden Oberbegriff an, unter dem sich die aufgelisteten Ideen zusammenfassen lassen.

Ideen für Argumente	**Mögliche Oberbegriffe**
• Kauf energieeffizienter Haushaltsgroßgeräte • Umstellung auf LED-Leuchtmittel • Verzicht auf Stand-by-Modus	☐ Nutzung regenerativer Energien ☐ Maßnahmen zur Senkung des Stromverbrauchs im Haushalt durch den Einzelnen ☐ Bewusster Umgang mit Wärmeenergie
• Ausstieg aus der Stromproduktion mit Kohle • Einführung einer Steuer auf freigesetzte Treibhausgase • Ausbau der erneuerbaren Energien	☐ Maßnahmen der Industrie ☐ Maßnahmen der Energieversorger ☐ Maßnahmen des Staates

3. Fasse deine Argumente möglichst unter ähnlich formulierten Oberbegriffen zusammen. Orientiere dich an den rot unterstrichenen Formulierungen im Cluster (Übung 13). Wie könnte der Sammelbegriff für die drei Behauptungen **aus Material 6** lauten? Kreuze die passende Variante an.

   ☐ Folgen der Klimaerwärmung
   ☐ Auswirkungen auf die Natur
   ☐ Folgen für die Weltmeere
   ☐ Auswirkungen auf das Wetter
   ☐ Folgen für die Umwelt
   ☐ Auswirkungen auf die Tierwelt

Tipp

Wie sortierst du deine Ideen?

Am besten wählst du für **zusammengehörende** Elemente wie Themafragen, Oberbegriffe und Argumente eigene **Farben** oder **Symbole** (▲, ■, ●, △, □, ○), sodass du deutlich erkennen kannst, wie das Thema aufgebaut ist und welche Aspekte miteinander verbunden sind.

4. Unterstreiche in deiner Stoffsammlung von Übung 13 alle weiteren Oberbegriffe rot und Behauptungen blau.

5. Ordne die Stichpunkte aus der Stoffsammlung (Übung 13) in die richtige Spalte ein. Dabei kannst du Ideen, die dasselbe aussagen, zusammenfassen. Notiere zuerst die Oberbegriffe und ordne darunter die passenden Argumente (Behauptungen) ein. Ergänze gegebenenfalls weitere Ideen für Argumente.

Folgen des Klimawandels	Maßnahmen zur Eindämmung des Klimawandels

4 Die Gliederung erstellen

Wenn du eine übersichtliche Stoffordnung angefertigt hast, fällt es dir leicht, die Gliederung zu erstellen. Die Gliederung hat zwei Funktionen: Sie ist ein **Inhaltsverzeichnis** für die Leser*innen und zugleich dein **Arbeitsplan**, an dem du dich beim Schreiben deines Aufsatzes orientierst. Die **Reihenfolge** der Gliederung musst du **unbedingt einhalten**. Deine Gliederung sollte **knapp** sein, aber trotzdem alle wichtigen Informationen zum Thema enthalten.
Entscheidend ist auch, dass du deine Gliederung übersichtlich und ordentlich anlegst, denn du musst sie gemeinsam mit deinem Aufsatz am Ende der Prüfung abgeben.

4.1 Anordnung der Argumente

Der **formale Aufbau** der Gliederung ist **immer gleich**. Je nachdem, welche Art der Erörterung gerade vorliegt, gibt es aber **Unterschiede** bei der **Anordnung der Argumente:**

- Bei einer **eingliedrigen Erörterung** beleuchtest du nur einen Bereich der Thematik. In diesem Fall ist es sinnvoll, dass du deine Argumente entsprechend ihrer **Wichtigkeit** anordnest. Beginne mit deinem schwächsten Argument und beende deine Argumentation mit deinem stärksten, so haben die Leser*innen am Ende deine besten Argumente präsent.

Auf einen Blick

Schema für den Aufbau einer eingliedrigen Erörterung

Mit der Einleitung führst du zur Fragestellung hin. →

Die Argumente ordnest du nach ihrer Wichtigkeit an: → Zuerst bringst du ein eher schwaches Argument, dann ein stärkeres, dann ein noch stärkeres …

Von deinem stärksten Argument gelangst du zum Schlussteil. →

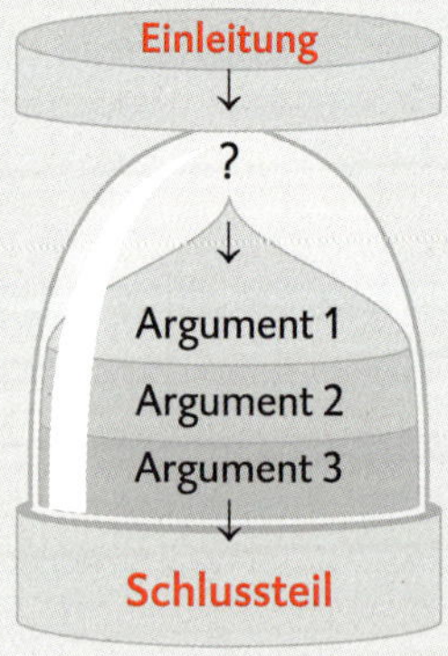

- Bei einer **zwei-** oder **mehrgliedrigen Erörterung** gehst du ähnlich vor wie bei der eingliedrigen Erörterung. Du ordnest z. B. die Gründe, Folgen und mögliche Gegenmaßnahmen jeweils vom **schwächsten** zum **stärksten** Argument an.
- Bei der Gliederung zu einer **dialektischen Erörterung** kannst du dich an dem folgenden „**Sanduhrschema**" orientieren. Zunächst gehst du auf die Argumente des „Gegners" ein. Du ordnest sie so, dass das stärkste Argument am

Anfang steht und das **schwächste am Ende**. Die Argumente, die zu deiner Überzeugung passen, schließt du daran an und ordnest sie **aufsteigend nach** ihrer **Wichtigkeit**.

Auf einen Blick

Schema für den Aufbau einer dialektischen Erörterung

Mit der Einleitung führst du zur Fragestellung hin. →

Die Argumente des „Gegners“ ordnest du vom stärksten zum schwächsten Argument an. →

„Deine“ Argumente ordnest du genau andersherum an: Zuerst bringst du ein eher schwaches Argument, dann ein stärkeres, dann ein noch stärkeres … →

Von deinem stärksten Argument gelangst du zum Schlussteil. →

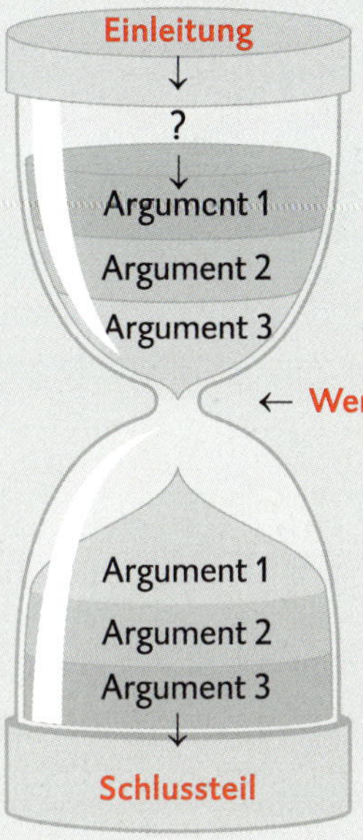

← Wendepunkt (Allerdings …)

4.2 Formen der Gliederung

Wenn du die Reihenfolge deiner Argumente festgelegt hast, erstellst du eine Gliederung. In der Regel wird von dir eine Feingliederung mit Ober- und Unterbegriffen (Argumenten) verlangt und nicht nur eine Grobgliederung. Bei der formalen Gestaltung unterscheidet man **zwei Möglichkeiten:**

- die **konventionelle** Gliederung oder
- die **numerische** Gliederung.

Hinweis: Halte ein Schema konsequent durch. **Mischformen sind nicht erlaubt!**

Auf einen Blick

Die konventionelle Gliederung	Die numerische Gliederung
A. Einleitungsgedanke	A. Einleitungsgedanke
B. Themafragen	B. Themafragen
I. Erste Themafrage	1 Erste Themafrage
1. Oberbegriff	1.1 Oberbegriff
a) Argument	1.1.1 Argument
b) Argument	1.1.2 Argument
2. Oberbegriff	1.2 Oberbegriff
a) Argument	1.2.1 Argument
b) Argument	1.2.2 Argument
…	…

II. Zweite Themafrage	2 Zweite Themafrage
1. Oberbegriff	2.1 Oberbegriff
a) Argument	2.1.1 Argument
b) Argument	2.1.2 Argument
…	…
C. Schlussgedanke	C. Schlussgedanke

Beachte bei beiden Gliederungsformen folgende **Regeln:**

- Jeder Oberbegriff sollte mindestens zwei Unterpunkte (Argumente) enthalten. Wenn du zu einem Oberbegriff kein zweites Argument findest, solltest du deine Gliederung noch einmal umstrukturieren.
- Das erste Wort eines jeden Gliederungspunktes beginnt immer mit einem Großbuchstaben, auch wenn er nicht als ganzer Satz formuliert ist.

Tipp

Worin unterscheiden sich die Gliederungsformen?

Für die **konventionelle** Gliederung gilt:

- Nach Zahlen sowie Großbuchstaben steht ein Punkt.
- Nach kleinen Buchstaben folgt eine Klammer.

Für die **numerische** Gliederung gilt:

- Nach Großbuchstaben steht ein Punkt.
- Hinter der letzten arabischen Ziffer steht kein Punkt.

4.3 Sprachstil der Gliederung

Eine Gliederung soll sowohl **formal** als auch **sprachlich einheitlich** aufgebaut sein. Deswegen kann es nötig sein, dass du die gesammelten Ideen, die im **Verbalstil** stehen, in den **Nominalstil** umformulieren musst. Dazu suchst du aus den Sätzen das Vollverb heraus und nominalisierst es, d. h., du wandelst es so um, dass aus ihm ein Nomen wird.

Beispiel

Die Gletscher werden großflächig abschmelzen. → Großflächiges Abschmelzen der Gletscher

In manchen Fällen kann das Verb auch ganz wegfallen. Dies darf aber nur dann geschehen, wenn der Sinn des Gliederungspunktes deutlich erkennbar bleibt.

Beispiele

Es ist mit einer Zunahme von Extremwetterereignissen zu rechnen. → Zunahme von Extremwetterereignissen
Es droht zunehmend die Gefahr von Dürren und Hitzewellen. → Zunehmende Gefahr von Dürren und Hitzewellen

Hinweis: Je nach Vorgabe deiner Lehrkraft bestehen **Einleitung** und **Schluss** entweder aus ganzen Sätzen (ohne Satzschlusspunkt) oder sind ebenfalls im Nominalstil verfasst. Mischformen sind auch hier nicht erlaubt.

Übung 15

1. Bei den folgenden Gliederungspunkten steht jeweils nur einer korrekt im Nominalstil. Streiche die fehlerhafte Variante durch.
   a) Anstieg des Risikos für übertragbare Infektionskrankheiten
      Risiko steigt für übertragbare Infektionskrankheiten
   b) Kosten für die Wirtschaft nehmen zu
      Zunahme der Kosten für die Wirtschaft
   c) Verlust wertvoller Ökosysteme
      Wertvolle Ökosysteme verloren

2. Bei der Umformung in den Nominalstil haben sich Fehler im Ausdruck und in der Grammatik eingeschlichen. Streiche die fehlerhaften Begriffe durch und schreibe den verbesserten Gliederungspunkt auf die Linie darunter.
   a) Nutzung öffentliche Verkehrsmittel

      ____

   b) Verzicht von Fleisch

      ____

   c) Ein Mehr an erneuerbarer Energien

      ____

   d) Zunehmen der Zahl von Klimaflüchtlingen

      ____

3. Die folgenden Gliederungspunkte stehen im Verbalstil. Unterstreiche jeweils das Vollverb und formuliere die Sätze anschließend in den Nominalstil um.
   a) Verbalstil: Schäden durch Umweltkatastrophen werden zunehmen.
      Nominalstil: ______________________________

      ____

   b) Verbalstil: Man sollte auf Stand-by-Betrieb verzichten.
      Nominalstil: ______________________________

      ____

   c) Verbalstil: Öffentlicher Nahverkehr und Fahrrad sollten konsequent genutzt werden.
      Nominalstil: ______________________________

      ____

   d) Verbalstil: Die Eisschmelze in der Arktis lässt den Meeresspiegel ansteigen.
      Nominalstil: ______________________________

      ____

4. Von dir kann gefordert werden, dass auch die Gliederungspunkte zu Einleitung, Hauptteil und Schluss im Nominalstil verfasst werden. Dazu musst du deine Ideen gegebenenfalls in den Nominalstil umformen. Kreuze jeweils die **inhaltlich** und **formal** richtige Variante an.

Gliederungspunkt im Verbalstil	Variante im Nominalstil
Einleitung: *In den letzten 100 Jahren haben Forscher*innen einen Anstieg der Durchschnittstemperatur von ungefähr 0,8 °C gemessen.*	☐ Anstieg der Durchschnittstemperatur durch Forscher*innen um 0,8 °C ☐ Anstieg der Durchschnittstemperatur in den letzten 100 Jahren um 0,8 °C ☐ Messung der Durchschnittstemperatur durch Forscher*innen in den letzten 100 Jahren ☐ Anstieg der Durchschnittstemperatur um 0,8 °C
Hauptteil: *Welche möglichen Folgen hat der Klimawandel? Mit welchen Maßnahmen kann man der Erderwärmung entgegenwirken?*	☐ Folgen und Maßnahmen des Klimawandels ☐ Mögliche Folgen des Klimawandels und Maßnahmen ☐ Mögliche Folgen des Klimawandels und Maßnahmen gegen die Erderwärmung ☐ Maßnahmen, die sich aus dem Klimawandel gegen die Erderwärmung ergeben
Schluss: *Jeder Einzelne kann zur Verhinderung der Erderwärmung beitragen.*	☐ Einzelnes Beitragen entscheidend zur Verhinderung der Erderwärmung ☐ Möglichkeit jedes Einzelnen, zur Erderwärmung beizutragen ☐ Maßnahmen des Einzelnen verhindern Erderwärmung ☐ Beitrag jedes Einzelnen zur Verhinderung der Erderwärmung

5. Vervollständige die **Gliederung** auf der nächsten Seite mithilfe deiner Stoffordnung (Übung 14).

   Hinweis: Für Einleitung und Schluss sind zwei verschiedene Varianten angegeben (als Satz und im Nominalstil). In der Prüfung genügt jedoch eine von beiden.

Gliederung

___ Unter dem Begriff Klimawandel versteht man die Erwärmung der Erdatmosphäre durch den vom Menschen verursachten Treibhauseffekt/Definition des Begriffs „Klimawandel"

B. ______________________________

____

I. ______________________________

___ Folgen für die Wirtschaft

___ Regional bessere Wachstumsbedingungen

___ ______________________________

___ Ernteausfälle durch Trockenheit

2. ______________________________

___ Häufigere und stärkere Wetterextreme

___ ______________________________

___ Anstieg des Meeresspiegels

___ Folgen für den Menschen

___ ______________________________

___ ______________________________

___ ______________________________

___ ______________________________

___ Maßnahmen zur Eindämmung des Klimawandels

___ ______________________________

___ Internationale Gesetze zum Klimaschutz

___ Nationale Maßnahmen zur Einsparung von Treibhausgasen

___ Vonseiten der Industrie und der Stromerzeuger

___ ______________________________

___ ______________________________

___ ______________________________

___ ______________________________

___ ______________________________

___ ______________________________

___ Bewusste Wahl des Verkehrsmittels beim Verreisen

___ ______________________________

___ Der größte kurzfristige Einsparungseffekt entsteht, wenn alle Menschen jede überflüssige CO_2-Emission vermeiden/Größter kurzfristiger Einsparungseffekt durch Vermeidung überflüssiger CO_2-Emission

5 Die Einleitung schreiben

Mit deiner Einleitung möchtest du die Leser*innen **zum Thema hinführen**. Daher solltest du darin alle Aspekte des Themas, die bereits in der Themenstellung enthalten sind, ansprechen. Zeige auf, welche Problematik das Thema behandelt; nimm dabei aber noch **keine Argumente** vorweg.
Eine gelungene Einleitung besteht immer aus **drei Teilen**, die jeweils eine eigene Funktion haben:

- Der **Einleitungsgedanke** stimmt die Leser*innen auf das Thema ein. Wähle hierfür einen konkreten Gedanken aus, der sich aus dem angebotenen Material, deinem Wissen zum Thema oder deinen Erfahrungen damit ergeben kann.
- In der **Überleitung** sollst du eine Verknüpfung zwischen deinem Einleitungsgedanken und dem Thema herstellen. Achte dabei darauf, dass es nicht zu Gedankensprüngen kommt.
- Am Ende der Einleitung stehen die **Themafragen**, die du entweder wörtlich aus der Themenstellung übernimmst oder in Form einer Aussage wiedergibst. Es ist wichtig, dass der Erörterungsauftrag am Ende der Einleitung steht, da die Leser*innen sonst nicht wissen, worum es in deinem Aufsatz geht.

Beispiel

Das Klima der Erde veränderte sich schon immer, denn es wechselten sich immer wieder kühlere und wärmere Phasen ab. Vor rund 15 000 Jahren endete die letzte Eiszeit in Europa. Ähnliches bestätigt auch eine Veröffentlichung der Jugendorganisation Bund Naturschutz (vgl. M 1). Dort heißt es, dass die Natur immer genügend Zeit gehabt habe, sich den Veränderungen anzupassen. Doch die vom Menschen verursachte globale Erwärmung verlaufe in einem viel schnelleren Tempo. Daher drohen Folgen, denen mit weitreichenden Maßnahmen begegnet werden muss (Einleitungsgedanke: geschichtlicher Rückblick + eigenes Wissen unter Verwendung von M 1). Die Tatsache, dass es einen Klimawandel gibt, wird längst nicht mehr angezweifelt (Überleitung). Daher stellt sich die Frage nach möglichen Folgen der Erderwärmung und Maßnahmen, ihr entgegenzuwirken (Themafragen als Aussagesatz).
Oder: *Daher stellen sich die Fragen: Welche möglichen Folgen hat der Klimawandel und mit welchen Maßnahmen kann man ihm entgegenwirken (Themafragen).*

Tipp

Wie findest du einen geeigneten Einleitungsgedanken?

Wenn du einen Einleitungsgedanken auswählst, solltest du darauf achten, dass er zu deinem Thema passt. Um das Thema in seiner ganzen Breite abzudecken, kannst du auch mehrere Einleitungsgedanken miteinander kombinieren. Für die Einleitung bieten sich unterschiedliche Gedanken an, die sich evtl. aus dem Material direkt entnehmen oder ableiten bzw. mit Aussagen daraus untermauern lassen, z. B.:

- ein persönliches Erlebnis
- ein Blick auf die Geschichte und geschichtliche Entwicklungen
- ein aktuelles Ereignis oder eine aktuelle Entwicklung
- ein Zitat
- eine Definition des Themabegriffs
- eine statistische Aussage, z. B. Ergebnisse einer Untersuchung/Umfrage
- ein Vergleich mit Ähnlichem

Wenn du ein **persönliches Erlebnis** als Einleitungsgedanken wählst, musst du darauf achten, dass du deine Eindrücke möglichst **sachlich** darstellst. Deswegen solltest du auch **Wertungen** (z. B. Wörter wie „glücklicherweise" oder „leider") vermeiden.

Tipp

Wie kannst du die Materialien für deine Einleitung verwenden?

Die Einleitung führt die Leser*innen zum Thema hin. Daher sollten die Informationen, die du aus den Materialien in deine Einleitung übernimmst, **möglichst viele Aspekte des Themas abdecken** und nicht nur für einen Teilaspekt von Bedeutung sein. Du kannst die Einleitung daher auch erst ausformulieren, wenn du den Hauptteil bereits geschrieben hast. Lasse dafür zunächst auf der ersten Seite genügend Zeilen frei und füge dort später die Einleitung ein.

Übung 16

1. Lies die folgenden Einleitungsgedanken und notiere, um welche Art es sich jeweils handelt (vgl. Tipp, S. 28).
   a) Der Klimawandel entsteht durch den Treibhauseffekt. Dabei verhindert eine steigende Konzentration der sogenannten Treibhausgase, z. B. Kohlendioxid und Methan, die Abstrahlung von Wärme in das Weltall. Dadurch wird es auf der Erde immer wärmer und das Klima verändert sich.

      ____

   b) In den letzten 100 Jahren haben Forscher*innen einen weltweit gemittelten Anstieg der Durchschnittstemperatur von 0,8 °C gemessen. In der Arktis macht sich diese Erwärmung sogar mit rund 3,3 °C bemerkbar.

      ____

   c) Nach einem Rückgang des weltweiten CO_2-Ausstoßes im ersten Jahr der Corona-Pandemie 2020 zeigen Berechnungen für 2021, dass das Ergebnis von 2019 wieder erreicht wurde. Im Jahr 2021 wurden nach verschiedenen Medienberichten rund 36,4 Milliarden Tonnen CO_2 in die Atmosphäre geblasen.

      ____

2. Die Einleitungsgedanken aus Aufgabe 1 wurden weitergeführt. Dabei sind jedoch einige Fehler begangen worden.
   Überlege, um welche typischen Fehler bei der Einleitung es sich handelt. Trage die passenden Nummern in die Kästen ein und markiere die fehlerhaften Textstellen. Es können auch mehrere Fehler pro Einleitung vorkommen.

Typische Fehler bei der Einleitung:

- Ein Teil der Einleitung fehlt: Einleitungsgedanke **(1)**, Überleitung **(2)**, Themafragen **(3)**
- Der Einleitungsgedanke führt nicht nachvollziehbar zum Erörterungsthema hin. **(4)**
- Die Darstellung ist nicht sachlich, sondern wertend. **(5)**
- Die Themafragen wurden nicht vollständig erfasst. **(6)**
- Ein Argument wird vorweggenommen. **(7)**

a) *Der Klimawandel entsteht durch den Treibhauseffekt. Dabei verhindert eine steigende Konzentration der sogenannten Treibhausgase, z. B. Kohlendioxid und Methan, die Abstrahlung von Wärme in das Weltall. Dadurch wird es auf der Erde immer wärmer und es kommt zu einer Zunahme von Wetterextremen. Wenn wir weiter schamlos auf Kosten des Planeten leben, geht dieser vor die Hunde. Welche möglichen Folgen hat also der Klimawandel und mit welchen Maßnahmen kann man ihm entgegenwirken?*

Nummer(n): ______

b) *In den letzten 100 Jahren haben Forscher*innen einen weltweit gemittelten Anstieg der Durchschnittstemperatur von 0,8 °C gemessen. In der Arktis macht sich diese Erwärmung sogar mit rund 3,3 °C bemerkbar. Bei uns in Deutschland profitieren wir auf jeden Fall von wärmeren Sommern. Daher stelle ich mir die Frage, welche Folgen der Klimawandel hat.*

Nummer(n): ______

c) *Nach dem Rückgang des weltweiten CO_2-Ausstoßes im ersten Jahr der Corona-Pandemie 2020 zeigen Berechnungen für 2021, dass das Ergebnis von 2019 wieder erreicht wurde. Im Jahr 2021 wurden nach verschiedenen Medienberichten rund 36,4 Milliarden Tonnen CO_2 in die Atmosphäre geblasen. Diese Menge macht mich traurig und schreit nach Maßnahmen.*

Nummer(n): ______

3. Verbessere die fehlerhaften Einleitungsbeispiele aus der Aufgabe 2, damit sie inhaltlich richtig und vollständig sind. (→ Heft)

4. In **Material 9** finden sich drei verschiedene Anregungen für eine Einleitung. Benenne jeweils die Art des Einleitungsgedankens, indem du die Begriffe den Absätzen richtig zuordnest: *Rückblick – Ergebnisse von Forschungen – Umfrage*

Material 9: Mit Fakten gegen jeden Zweifel

(1) [...] Zwar geht die große Mehrheit der Deutschen davon aus, dass es einen Klimawandel gibt, drei von vier halten ihn allerdings für in der Wissenschaft umstritten. Dabei ist sich die Fachwelt einig: Er findet statt und für die Veränderungen ist größtenteils der Mensch verantwortlich. [...]
(2) In den 4,6 Milliarden Jahren, in denen es die Erde gibt, hat sich ihr Klima ständig verändert. Allein in den vergangenen 650 000 Jahren gab es sieben Zyklen, in denen es mal wärmer, mal kälter war, es also abwechselnd Warm- und Eiszeiten gab.
(3) Das vermuten Klimaforscher nicht oder haben es allein an Computern modelliert, sie haben es gemessen. Die Klimageschichte des Planeten ist nämlich konserviert. Sie steckt etwa in den Ringen von Bäumen, im Meeresgrund, Korallenriffen und Eisschilden. Indem Forscher diese in ihre Bestandteile zerlegen und chemisch analysieren, können sie sehen, wann wie viel Kohlendioxid (CO_2) in der Luft war, wie viel Sauerstoff, welche Partikel in der Atmosphäre schwebten oder wie warm, kalt oder feucht es war. [...]

Quelle: Alina Schadwinkel: Mit Fakten gegen jeden Zweifel, ZEIT Online vom 12. 05. 2017, www.zeit.de/wissen/umwelt/2017-05/klimawandel-erderwaermung-co2-meeresspiegel-fakten-beweise

5. Verfasse mithilfe einer oder mehrerer Informationen aus **Material 1** (S. 10) und **Material 9** eine vollständige Einleitung. Achte beim Formulieren darauf, dass alle drei Bausteine der Einleitung vollständig und inhaltlich stimmig sind. (→ Heft)

   Die folgenden Formulierungen können dir dabei helfen, vom Einleitungsgedanken zur Themafrage überzuleiten:

   - *Dies wirft die Frage auf, ...*
   - *Vor allem stellt sich die Frage, was getan werden kann .../ob es sinnvoll ist, ...*
   - *Um die Frage nach ... beantworten zu können, muss man sich überlegen, ...*
   - *Um das Problem lösen zu können, muss eine Antwort auf die Frage gefunden/geklärt werden, warum ...*

6 Den Hauptteil verfassen

Wenn du eine ausführliche und gut strukturierte **Gliederung** erstellt hast, kannst du dich beim Schreiben des Hauptteils Abschnitt für Abschnitt an ihr **orientieren**. Es wird dir dann nicht passieren, dass du ein wichtiges Argument vergisst.

6.1 Argumente richtig aufbauen

Im Hauptteil sollst du dich mit dem vorgegebenen Thema **argumentativ** auseinandersetzen und die Leser*innen überzeugen. Dies gelingt dir nur, wenn du logisch und nachvollziehbar argumentierst. Daher musst du auf einen richtigen und klaren **Aufbau der Argumente** achten.

Schritt für Schritt

Ein Argument formulieren

Arbeitsschritt 1	Formuliere eine **Behauptung**, die mit dem Thema in Zusammenhang steht.
Arbeitsschritt 2	Erkläre in einer **Begründung**, warum die Behauptung zutrifft.
Arbeitsschritt 3	Veranschauliche anschließend mithilfe eines **Beispiels** die Behauptung.
Arbeitsschritt 4	**Runde** das Argument **ab**, indem du z. B. mit einer **Rückführung** einen Bezug zur Behauptung herstellst oder auf **Folgen** bzw. **Auswirkungen** verweist.
Arbeitsschritt 5	Formuliere eine **Überleitung** zum nächsten Argument bzw. dem nächsten Gliederungspunkt.

Die bereitgestellten **Materialien** bieten dir neben Ideen für die Einleitung auch wertvolle **Informationen** für den **Hauptteil**. Einige davon kannst du direkt als **Behauptungen**, **Begründungen** oder **Beispiele** in deine Argumentation einfügen. So gelingt es dir, deine Argumente stichhaltig zu belegen und die Anschaulichkeit deiner Aussagen zu steigern.

Tipp

Wie beziehst du die Materialien am besten in deine Argumentation ein?

Du kannst Aussagen aus den Materialien mit **eigenen Worten** wiedergeben. Bei statistischen Aussagen führst du zunächst die Zahlen an und ergänzt anschließend **deine Interpretation**. Wenn du z. B. Expertenaussagen wörtlich zitierst, ist es wichtig, dass du diese überzeugend in deine Argumentation einbaust. Achte dabei besonders darauf, dass du …

- **korrekt zitierst** (vgl. S. 112).
  z. B. „Bis zu 100 Euro können Sie beim Verzicht auf den Stand-by-Modus sparen!" (Material 5)
- **passende Satzanschlüsse** findest.
  z. B. „Schon ab 2 °C wird es zu schwerwiegenden Auswirkungen kommen, wie Jahrhundertfluten, Dürren und gigantischen Wirbelstürmen", heißt es in dem Text der Jugendorganisation des Bund Naturschutz.

Beispiel

*Neben den Maßnahmen vonseiten der Wirtschaft und der Industrie rücken als Nächstes die Maßnahmen, die jede*r Einzelne ergreifen kann, in den Mittelpunkt (Überleitung zum nächsten Oberpunkt). Als Erstes ist dabei an die Sparmöglichkeiten beim Strom zu denken (Behauptung), da zu Hause viele Elektrogeräte verwendet werden (Begründung). Dazu sollten zunächst die „Stromfresser" im Haushalt ermittelt werden, wie in Material 5 vorgeschlagen wird. Um Strom zu sparen, sollten daher vor allem alte Waschmaschinen, Wäschetrockner oder Kühlschränke nach und nach gegen sparsame Modelle ausgetauscht werden. Auf www.innogy.com (Material 5) erhält man weitere sinnvolle Stromspar-Tipps, z. B. Geräte wie PC, Fernseher oder Kaffeemaschine ganz auszuschalten und nicht im Stand-by-Betrieb zu belassen (Beispiele). Diese Maßnahmen verringern nicht nur den Stromverbrauch, sondern schonen zudem den eigenen Geldbeutel (Abrundung).*

Übung 17

1. Markiere in den folgenden beiden Argumenten die jeweiligen Elemente mit unterschiedlichen Farben. Unterstreiche die Behauptungen blau, Begründungen gelb, Beispiele grün und Abrundungen schwarz.

   a) Zum aktiven Klimaschutz gehört auch die Vermeidung des Autos. Der Autoverkehr hat einen großen Anteil am Ausstoß von Treibhausgasen (vgl. Material 3). Deshalb ist es unabdingbar, dass man sich genau überlegt, wann die Nutzung des Autos überhaupt nötig ist. Soweit vorhanden, bieten sich öffentliche Verkehrsmittel als Alternative an oder für kürzere Strecken kann jeder auf das Fahrrad umsteigen. Hierbei entsteht noch ein weiterer positiver Nebeneffekt, da Bewegung an der frischen Luft gesundheitsfördernd ist.

   b) Auch bei der Planung und Durchführung eines Urlaubs lässt sich klimabewusst vorgehen. Das Flugzeug ist vor allem auf Kurz- und Mittelstrecken kein umweltschonendes Verkehrsmittel, weil der CO_2-Ausstoß sehr hoch ist (vgl. Material 3). Statt einer Flugreise stellt beispielsweise die Bahn für einen Urlaub in Deutschland eine gute Alternative dar, da sie auch wesentlich umweltfreundlicher als das eigene Auto ist.

2. Bei Aufgabe 1 b fehlt einer der vier Bestandteile eines Arguments. Notiere, um welchen Teil es sich handelt, und formuliere ihn aus. (→ Heft)

3. Bringe die hier durcheinandergeratenen Bausteine eines Arguments in die richtige Reihenfolge, indem du sie nummerierst.

☐ Auch die Erhöhung der Deiche hätte ihre natürlichen und finanziellen Grenzen.

☐ Wissenschaftler*innen sagen voraus, dass Inseln, die weniger als 7 Meter über dem Meeresspiegel liegen, für immer im Meer verschwinden werden.

☐ Durch die Erwärmung der Erdatmosphäre kommt es zum Abschmelzen des Grönlandeises und der Polkappen. Die freigesetzten Wassermassen erhöhen den Meeresspiegel.

☐ Dadurch wären auch deutsche Küstengebiete und Inseln wie z. B. Sylt vom Anstieg des Meeresspiegels betroffen und somit gefährdet (vgl. Material 6 und 8).

4. Bei dem nachfolgenden Argument fehlt noch ein anschauliches Beispiel, damit es glaubwürdig wirkt. Greife hierzu Informationen aus den Materialien auf. Kreuze die Aussage an, die sich als Beispiel eignet.

Zudem häufen sich bereits heute extreme Wetterereignisse. Aufgrund der Klimaerwärmung erwarten Expertinnen und Experten zukünftig vermehrt starke Stürme, Starkregenereignisse oder extreme Hitzewellen. ∀ *Dabei dürfen neben den ungeheuren finanziellen Schäden die menschlichen Schicksale nicht vergessen werden.*

☐ Der CO_2-Ausstoß Deutschlands machte 2020 nur einen Anteil von 1,9 Prozent aus (vgl. Material 4).

☐ Die unwetterartigen Stürme und die Hochwasserkatastrophen der letzten Jahre in Deutschland, z. B. die Hochwasserflut 2021 im Ahrtal, sind laut Wissenschaft auf den Klimawandel zurückzuführen (vgl. Material 6).

☐ „Nach Schätzungen des Berichts sind allein durch klimabedingte Wetterextreme seit 1980 im europäischen Wirtschaftsraum zusätzliche Kosten von mehr als 400 Milliarden Euro entstanden", wie es in Material 2 heißt.

☐ Laut Expertinnen und Experten würde bereits ein Anstieg der Durchschnittstemperatur von 2 °C zu Jahrhundertfluten, Wirbelstürmen oder Dürrekatastrophen führen (vgl. Material 1).

6.2 Überzeugend formulieren

Neben dem Aufbau eines Arguments gibt es weitere **wichtige Aspekte**, die du beachten musst, wenn du überzeugend formulieren möchtest.
Eine Erörterung sollte **keine Aussagen** enthalten, die zu stark **verallgemeinern**. Denn dies kann dazu führen, dass sie **unglaubwürdig** wirkt.
Sehr verallgemeinernd ist z. B. diese Aussage:

Beispiel *Wegen der Erderwärmung kommt es zu einer Verbesserung der Anbaubedingungen.*

Hier wird eine pauschale Aussage getroffen, die den Eindruck erweckt, als würde dies weltweit gelten. Eine solche Aussage ist jedoch nicht haltbar, da sich in vielen Regionen die Bedingungen auch verschlechtern können. Und selbst dort, wo eine Verbesserung zu erwarten ist, muss dies nicht langfristig der Fall sein.

Tipp

Wie kannst du Verallgemeinerungen vermeiden?

Verallgemeinerungen kannst du leicht **umgehen**, indem du Aussagen einschränkst, z. B. durch:

- **einschränkende Adverbiale** (*manchmal, in vielen Fällen, unter Umständen, möglicherweise, vielleicht, vermutlich …*)
  Möglicherweise kommt es wegen der Erderwärmung zu einer Verbesserung der Anbaubedingungen.
- **einschränkende Modalverben** (*können, sollen …*)
  Die Erderwärmung kann zu einer Verbesserung der Anbaubedingungen führen.
- **unbestimmte Numerale** (*viele, manche, wenige, einige …*)
  Einige Expertinnen und Experten gehen davon aus, dass die Erderwärmung zu einer Verbesserung der Anbaubedingungen führt.
- weitere **einschränkende Formulierungen** (*Es ist möglich, dass …; Es ist zu hoffen, dass …*)
  Es ist möglich, dass die Erderwärmung zu einer Verbesserung der Anbaubedingungen führt.
- Verwendung **konkreter und genauer Aussagen**, z. B. aus den Materialien
  In bestimmten Regionen der Erde kann die Erderwärmung zu einer Verbesserung der Anbaubedingungen führen.

Da eine Erörterung **nicht** in der **Ich-Form** verfasst werden soll, besteht die Gefahr, die unpersönliche Formulierung „man" übermäßig oft zu verwenden.

Beispiel *Man kann behaupten, dass …*

Achte darauf, dass du auch **andere Formulierungen** einbaust. Das Wort „man" kannst du z. B. ersetzen durch:

- ein anderes **Pronomen**
- ein **unbestimmtes Numerale**
- eine Formulierung im **Passiv**
- ein **Nomen**

Beispiele
Jeder kann behaupten, dass … (anderes Pronomen)
Viele behaupten, dass … (unbestimmtes Numerale)
Es kann behauptet werden, dass … (Passiv)
*Die Befürworter*innen dieses Arguments behaupten, dass … (Nomen)*

Übung 18

1. Verbessere die Sätze so, dass in der Behauptung keine zu allgemein formulierte Aussage mehr zu finden ist. Verwende möglichst unterschiedliche Formulierungen. Die Satzglieder darfst du dabei umstellen oder ergänzen.
   a) Das Flugzeug darf zur Erreichung von Urlaubszielen keine Rolle mehr spielen.

   ____

   ____

   b) Zum aktiven Klimaschutz gehört auch der Verzicht auf das Auto.

   ____

   ____

   c) Mit dem raschen Temperaturanstieg kommen die Tierarten nicht zurecht und können sich nur anpassen, indem sie abwandern.

   ____

   ____

2. Erläutere, warum der folgende Auszug aus einer Argumentation nicht überzeugt. Überarbeite ihn, damit er glaubwürdig klingt. (→ Heft)

   *Jede*r Einzelne von uns kann auch zur Reduzierung des CO_2-Aufkommens beitragen, indem sie oder er zu einem Stromanbieter wechselt, der „sauberen" Strom liefert. Der Wechsel des Energieanbieters ist in der Regel recht einfach und könnte sich zudem durch eine Wechselprämie lohnen.*

3. Verbessere den folgenden Text sprachlich so, dass das Wort „man" nur an einer Stelle vorkommt.

   Zu bedenken ist auch, dass man, wenn man einen Urlaub plant, sehr genau überlegen sollte, welches Verkehrsmittel man für die Anreise benutzt. Denn gerade das Flugzeug ist auf Kurz- oder Mittelstrecken keine umweltfreundliche Wahl, da der CO_2-Ausstoß vergleichsweise sehr hoch ist. Plant man einen Urlaub in Deutschland oder Mitteleuropa, stellt sich die Bahn als gute Alternative dar, da man dadurch weitaus mehr CO_2 einspart, als wenn man fliegt oder mit dem eigenen Auto an den Urlaubsort fährt.

   ____

   ____

   ____

   ____

   ____

   ____

   ____

6.3 Gedanken verknüpfen

Es ist wichtig, dass die Leser*innen deinen Gedankengängen folgen können. Dazu musst du zwischen den **einzelnen Teilen des Aufsatzes** (von der Einleitung zum Hauptteil und vom Hauptteil zum Schluss) und zwischen den **Argumenten** durch **Überleitungen** inhaltliche Bezüge herstellen.

Hinweis: Achte darauf, nicht immer dieselben Verknüpfungen zu verwenden.

Um deine Gedanken miteinander zu verknüpfen, kannst du z. B. folgende **Konjunktionen** und **Adverbien** sowie **feststehende Formulierungen** verwenden:

Auf einen Blick

Konjunktionen/Adverbien	Feststehende Formulierungen
• Begründung: *weil, da, denn*	• *Zuerst/Zuletzt ist … zu nennen/anzuführen/zu erwähnen …*
• Folge: *also, folglich, deshalb, somit, sodass, dass, woraufhin*	• *Ein wichtiger Aspekt/Vorteil/Nachteil ist …*
• Zweck: *um zu, damit*	• *Für/gegen spricht zunächst …*
• Vergleich: *(so) … wie, als, ebenso, als ob*	• *Hinzu kommt, dass …*
• Aneinanderreihung: *auch, ferner, außerdem, zudem, schließlich, nicht nur … sondern auch*	• *Außerdem/weiterhin/daneben ist zu beachten, dass …*
• Einräumung: *zwar, allerdings, wenn auch, obwohl*	• *Darüber hinaus ist zu bedenken/berücksichtigen/erwähnen …*
• Gegensatz: *aber, jedoch, doch, vielmehr, hingegen, anstatt*	• *In diesem Zusammenhang ist auch … anzuführen.*

Übung 19

1. Setze passende **Verknüpfungen** aus oben stehendem Kasten in die entsprechenden Lücken ein. Achte dabei darauf, dass sich ein inhaltlich und sprachlich korrekter Zusammenhang **innerhalb der Argumente** ergibt. Verwende jede Verknüpfung nur einmal.

   Neben regional besseren Wachstumsbedingungen ergeben sich ______________ auch negative Folgen für die Wirtschaft, nämlich steigende Kosten durch Schäden. ______________ durch häufigere klimabedingte Wetterextreme nehmen ______________ die dadurch verursachten Schäden zu, z. B. an Industriegebäuden. ______________ könnten die Industrieanlagen von länger andauernden Stromausfällen betroffen sein, was sich negativ auf die Produktion auswirkt. ______________, dass der Verkehr durch Wetterextreme beeinträchtigt werden kann, wodurch Lieferketten unterbrochen werden oder andere wirtschaftliche Nachteile entstehen können. Ein Bericht auf *www.natur.de* (Material 2) verweist auf die bisher entstandenen Kosten im europäischen Wirtschaftsraum seit 1980. Darin heißt es, dass bislang mehr als 400 Milliarden Euro Kosten verursacht worden sind. ______________ werden die Kosten mit zunehmender Erwärmung noch signifikant steigen.

2. Verknüpfe die folgenden Gedanken jeweils miteinander, indem du eine passende Konjunktion oder ein Adverb einsetzt. Die ursprüngliche Wortstellung und einzelne Formulierungen kannst du leicht verändern. (→ Heft)
   a) Die Veränderungen des Klimas haben auch für die Menschen in Europa messbare Auswirkungen. – Die bisherigen Hitzewellen in den beiden letzten Jahrzehnten waren bereits für den Tod von Zehntausenden Europäerinnen und Europäern verantwortlich. – Die Hochwasserkatastrophen entlang der Flüsse betrafen Millionen von Menschen.
   b) Höhere Durchschnittstemperaturen begünstigen die Ausbreitung exotischer Mücken- und Zeckenarten in Europa. – Neue Krankheiten können sich ausbreiten. – Für die Abwehr neuartiger Infektionen müssen große Forschungsanstrengungen unternommen und hohe finanzielle Mittel aufgewendet werden.

3. Dieses Mal fehlen die Überleitungen bei den **Übergängen von einem Argument zum anderen**. Verbessere sie sprachlich, indem du die Wortstellung anpasst und die nachfolgenden **feststehenden Formulierungen** einfügst. (→ Heft)

   • Hinzu kommt, dass … • Darüber hinaus …
   • Als weiteres Argument lässt sich anführen, dass …

   a) […] Diese Maßnahmen verringern nicht nur den Stromverbrauch, sondern schonen zudem den eigenen Geldbeutel. –
   Der Kauf sparsamer Geräte mit einer hohen Energieeffizienzklasse stellt eine weitere sinnvolle Maßnahme dar. […]
   b) […] Ein Wechsel des Energieanbieters kann also durchaus eine hilfreiche Maßnahme sein. –
   Der sparsame Umgang mit Strom im Haushalt trägt dazu bei, der Erderwärmung entgegenzuwirken. […]
   c) […] Die Kosten werden mit zunehmender Erwärmung aber noch signifikant steigen. –
   Trockenheit und Dürren werden zu einer Verschärfung der Nahrungsmittelknappheit auf dem Planeten sorgen. […]

Auf einen Blick

Was im Hauptteil häufig falsch gemacht wird		Wie du diese Fehler vermeiden kannst
Die Begründungen passen nicht zur Behauptung.	→	Verknüpfe die Behauptung durch die Konjunktion „weil" mit der Begründung. So erkennst du am leichtesten, ob Behauptung und Begründung zusammenpassen.
Die Begründungen und Beispiele sind unglaubwürdig.	→	Am besten wählst du Begründungen und Beispiele aus Bereichen, die jeder kennt, sodass dein Gedankengang leicht nachzuvollziehen ist.
Teile eines Arguments (Behauptung, Begründung, Beispiel) fehlen.	→	Markiere die einzelnen Teile deiner Argumente, damit du keinen Teil vergisst.

7 Den Schluss schreiben

Der Schluss dient der **Abrundung** deiner gesamten Argumentation. Hier führst du keine neuen Argumente an, sondern fasst deine Aussagen in einem **Ergebnis** zusammen. Im Schluss darfst du deine **eigene Meinung** äußern, die du jedoch unbedingt **begründen** musst.

Hinweis: Da Anfang und Ende deines Aufsatzes den Leserinnen und Lesern besonders gut in Erinnerung bleiben, darfst du den Schlussteil ebenso wenig vernachlässigen wie die Einleitung. Daher gilt auch die Daumenregel, dass beide Teile in etwa die gleiche Länge besitzen sollten.

Tipp

Wie formulierst du einen Schluss?

Für den Schlussteil stehen **mehrere Möglichkeiten** zur Wahl, z. B.:

- eine Zusammenfassung der Argumente
- eine Folgerung aus dem Gesagten
- ein weiterführender Gedanke
- ein Vergleich mit Ähnlichem
- ein persönlicher Wunsch
- ein Ausblick in die Zukunft
- eine persönliche Stellungnahme

Wähle die Art Schlussgedanke, die den besten Anschluss an deine Argumentation bietet. Damit deine Abrundung nicht zu knapp ausfällt, kann es manchmal sinnvoll sein, mehrere Schlussgedanken miteinander zu kombinieren.

Beispiel

*Um dem Klimawandel dauerhaft entgegenzuwirken, müssen wohl vor allem Maßnahmen vonseiten der Politik, der Industrie und der Stromerzeuger ergriffen werden. Deren Umsetzung dürfte aber recht lange dauern. Der größte CO_2-Einspareffekt, der hingegen schnell erzielt werden kann, entsteht, wenn alle Menschen ihr Verhalten so ändern, dass jede überflüssige CO_2-Emission vermieden wird. Das beginnt bei der Wahl des Energieanbieters und setzt sich beim sparsamen Umgang mit Strom sowie der Wärmedämmung von Gebäuden fort. Auch als Verbraucher*in und Verkehrsteilnehmer*in ist jede einzelne Person gefordert, denn ihr Verhalten kann wesentlich dazu beitragen, den CO_2-Ausstoß zu verringern und die Welt klimafreundlicher zu gestalten. Wir alle sollten aber nicht nur über unser Verhalten nachdenken, sondern daraus auch Konsequenzen ziehen – egal ob bei der Gestaltung unseres Urlaubs, unseren täglichen Einkäufen oder der Ernährung. Denn letztlich ergibt ein umsichtiges und konsequentes Verhalten aller den größten Effekt.*

Die Materialien liefern dir auch für den Schluss eine Vielzahl an Möglichkeiten, um damit deine Argumentation abzurunden. So kannst du z. B. passende **Aussagen** direkt **als Zitat übernehmen** oder **als Ideenquelle** für einen eigenen Schlussgedanken nutzen. Neben den Varianten, die du bereits kennengelernt hast (vgl. Tipp oben), kannst du auch deinen Einleitungsgedanken wieder aufgreifen und so eine Art Rahmen um deine Argumentation bilden.

Tipp

Welche Aussagen aus den Materialien kannst du für deinen Schluss nutzen?

Ähnlich wie in der Einleitung solltest du auch im Schluss nur solche Aussagen aus den Materialien verwenden, die du **im Hauptteil noch nicht eingesetzt** hast.
Da der Schluss eine Zusammenfassung deiner Argumentation ist, darfst du jedoch **keine grundsätzlich neuen Argumente** einführen. Es bietet sich also z. B. an, in den Materialien nach solchen Aussagen (z. B. von Expertinnen und Experten) zu suchen, die ein **Fazit** ziehen oder einen **Ausblick** auf die weitere Entwicklung geben.

Übung 20

1. Lies das Beispiel eines Schlussgedankens auf der vorhergehenden Seite und notiere, um welche Möglichkeit(en) eines Schlussgedankens es sich handelt.

   ____

2. Lies zunächst das Beispiel eines Schlusses und bearbeite dann die Aufgaben.

   Mein persönlicher Wunsch ist, dass die Klimaschutzgesetze in Deutschland und überall auf der Welt schneller umgesetzt werden. Nur so bekommen wir die Erderwärmung in den Griff und können weitere Folgen des Klimawandels, wie den Rückgang des Tourismus im Mittelmeergebiet durch unerträgliche Hitze, verhindern. Ich denke, dass sich dieser politische Schritt für uns alle lohnen wird.

   a) Unterstreiche zuerst die Kernidee des Schlussgedankens. Überprüfe danach anhand der Checkliste, inwieweit die aufgeführten Aspekte beachtet wurden. Kreuze entsprechend an.

Checkliste	ja	nein
Gibt es eine sinnvolle Überleitung vom Hauptteil zum Schluss?	☐	☐
Wurde hier ein einziges klares Ergebnis formuliert?	☐	☐
Wurde die Aussage gut und sachlich begründet?	☐	☐
Wurde darauf geachtet, keine neuen Argumente im Schluss vorzubringen?	☐	☐
Wirft dieser Schluss zusätzliche Fragen auf?	☐	☐

   b) Verbessere den Schluss anhand der Checkliste. (→ Heft)

3. Trage Informationen aus den Materialien zusammen, die sich für einen Schlussgedanken eignen, und notiere sie dir. (→ Heft)

4. Sammle zum Thema je eine eigene Idee für einen Schluss zu den folgenden Möglichkeiten. Stichpunkte genügen. (→ Heft)

   a) Einen persönlichen Wunsch

   b) Eine Schlussfolgerung

   c) Einen Ausblick in die Zukunft

5. Verfasse mithilfe deiner Ideensammlung aus den Aufgaben 3 und 4 einen vollständigen Schlussgedanken. (→ Heft)

8 Überprüfen des Geschriebenen

Nach der Fertigstellung des Aufsatzes musst du deinen Text unbedingt nochmals **kritisch lesen** und **überarbeiten**. Das fällt oft schwer, da du froh sein wirst, dass du fertig geworden bist und alle inhaltlichen Punkte abgearbeitet hast. Die Endkorrektur ist dennoch sehr wichtig, weil sie hilft, grobe Fehler zu vermeiden. Die **Checkliste** auf der nachfolgenden Seite kann dir bei der Überarbeitung helfen.

Schritt für Schritt

Gehe beim Korrekturlesen/Überarbeiten deines Textes folgendermaßen vor:

Arbeitsschritt 1 Nimm dir genügend **Zeit** für die Korrekturen und plane diese bereits im Vorfeld ein.

Arbeitsschritt 2 Lies den Text **mehrmals** gründlich. Richte deine Aufmerksamkeit bei jedem Korrekturgang nur auf einen der folgenden Aspekte:

Arbeitsschritt 3 **Inhalt:** Achte darauf, dass der Text insgesamt schlüssig klingt und du formal und inhaltlich richtig zitiert hast. Fallen dir inhaltliche Ungereimtheiten oder Fehler in der Logik auf, dann markiere sie z. B. mit Bleistift am Rand und überarbeite die Textstellen anschließend.

Arbeitsschritt 4 **Ausdruck:** Konzentriere dich auf jedes einzelne Wort, aber auch auf den Satzbau. Markiere Formulierungen, die sich holprig anhören, um sie später zu überarbeiten. Überprüfe deinen Text auch auf überflüssige Wiederholungen. Ändere Kleinigkeiten wie fehlende Wörter oder falsche Endungen besser sofort ab.

Arbeitsschritt 5 **Sprachliche Form:** Wenn du dir unsicher bist, ob du bestimmte Begriffe korrekt geschrieben hast, dann schlage sie im Wörterbuch nach. Fehlende Kommas oder Fehler in der Grammatik bemerkst du leichter, wenn du dir den Text sozusagen lautlos vorliest.

Arbeitsschritt 6 **Äußere Form:** Fertige zuletzt eine Reinschrift des Aufsatzes an, bei der du sowohl auf eine gut lesbare Schrift, Absätze als auch einen freien Korrekturrand achtest.

Übung 21

Nimm dir nun die Übungsaufgabe zum materialgestützten Argumentieren vor (Kapitel „Übungsaufgaben im Stil der Abschlussprüfung“ ab S. 123), schreibe eine vollständige materialgestützte Argumentation und überprüfe deinen Aufsatz anschließend anhand der Checkliste auf der nächsten Seite. Bewerte, wie gut dir die einzelnen Punkte gelungen sind, indem du entsprechend ankreuzt.

Auf einen Blick

Checkliste für eine gelungene materialgestützte Argumentation

Arbeitsschritte	Habe ich …	+	o	–
Themaanalyse	das Thema sorgfältig durchgelesen und seine Bestandteile analysiert (Themabegriff, Einschränkung und Erörterungsauftrag)?			
	die Art der Erörterung zweifelsfrei bestimmt?			
Stoffsammlung	mithilfe der Stoffsammlungstechniken (W-Fragen, Cluster) eigene Ideen gefunden?			
	das Informationsmaterial verstanden und hinsichtlich seiner Verwendbarkeit für den Aufsatz ausgewertet?			
Stoffordnung	den Stoff sinnvoll geordnet (inkl. Oberbegriffe)?			
Gliederung	die Gliederung einheitlich gestaltet (Sprachstil, Gliederungszeichen)?			
	die Argumente entsprechend der Art der Erörterung angeordnet (z. B. von schwach zu stark)?			
Einleitung	auf den dreiteiligen Aufbau der Einleitung geachtet (Einleitungsgedanke, Überleitung, Themafrage)?			
	keine Argumente in der Einleitung vorweggenommen?			
	die Themafrage mit all ihren Teilaspekten wiedergegeben?			
Hauptteil	von einem Teil des Aufsatzes zum anderen übergeleitet?			
	alle Argumente vollständig nach dem Argumentationsschema formuliert (Behauptung, Begründung, Beispiel, Abrundung)?			
	von einem Argument zum nächsten übergeleitet?			
Schluss	den Aufsatz mit einem anschaulichen Schluss abgerundet?			
	meine eigene Meinung nachvollziehbar begründet?			
Überarbeitung	auf einen logischen inhaltlichen Aufbau geachtet?			
	Ausdrucksfehler vermieden (z. B. Umgangssprache, Wiederholungen, Verallgemeinerungen)?			
	den Aufsatz noch einmal im Hinblick auf Rechtschreibung, Grammatik und Satzzeichen überprüft?			
	formal und inhaltlich richtig zitiert und bei allen Informationen, die aus den Materialien stammen, die Quelle korrekt angegeben?			
	auf die äußere Form meines Aufsatzes geachtet (Absätze, Schrift, freier Korrekturrand)?			

Erschließen eines pragmatischen Textes

Interaktive Aufgaben: Erschließen eines pragmatischen Textes

MindCards: Wichtiges wiederholen

Grundlage für diese Aufsatzart ist ein **pragmatischer Text**, also ein Sachtext, zu dem du verschiedene Aufgaben bearbeiten musst. Pragmatische Texte beziehen sich immer auf Sachverhalte, die es tatsächlich gibt (oder gegeben hat). In der Prüfung handelt es sich in der Regel um einen **journalistischen Text**. Dabei kommen folgende Textsorten infrage:

- **Bericht**
- **Reportage**
- **Kommentar**
- **Glosse**
- **Kolumne**

Hinweis: Einige journalistische Texte lassen sich nicht eindeutig einer Textsorte zuordnen. Verwende in diesem Fall die allgemeine Bezeichnung „Text“ oder „(Zeitungs-)Artikel“.

In der Aufgabenstellung wird explizit genannt, welche Aspekte des Textes du im Hauptteil deines Aufsatzes untersuchen sollst. Es handelt sich immer um die folgenden **fünf Aufgabenarten:**

- **Inhaltszusammenfassung** unter Berücksichtigung des **Textaufbaus**
- Untersuchen und Reflektieren der **Sprache** und deren **Wirkung**
- Erschließen einer **weiteren Besonderheit des Textes**, z. B. Textsortenbestimmung, Erläuterung der möglichen Absicht der Verfasserin/des Verfassers
- **Begründete Stellungnahme** zu einer Textaussage oder zu einer Frage- bzw. Problemstellung, die der Text behandelt
- Offene, **kreative Schreibaufgabe**, z. B. erzählen, schildern, einen inneren Monolog verfassen, einen persönlichen Brief schreiben

Eingerahmt wird der Hauptteil immer durch **Einleitung** und **Schluss**. Das Erstellen einer Gliederung wird nicht von dir verlangt.

Das Beispiel auf den nachfolgenden Seiten zeigt dir, wie die **Aufgabenstellung zu einem pragmatischen Text** aussehen kann.

Beispiel

DER TAGESSPIEGEL

Insektensterben in Deutschland

Unheil im Anflug – für uns alle

Insekten sterben massenhaft. Sollte der Grund unsere landwirtschaftliche Praxis sein, dann tragen auch wir Verbraucher eine Mitschuld.

Von Sascha Karberg

Auf jeder Fahrt in den Sommerurlaub klebten sie zu Dutzenden auf der Windschutzscheibe unseres Opel Kadett. Heute, 40 Jahre später, bleibt die Sicht erstaunlich oft frei. Um 76 Prozent ist die Biomasse an Fluginsekten zwischen 1989 und 2016 in Nord- und Nordwestdeutschland zurückgegangen. Das ist das Ergebnis einer Studie, die britische, holländische und deutsche Forscher veröffentlicht haben.

Es besteht also Grund zur Sorge. Denn so lästig Insekten in der Cola oder auf der Windschutzscheibe sein mögen, so zentral und unverzichtbar ist ihre Rolle in den Ökosystemen[1]. Über die Hälfte aller Vögel ist auf Fluginsekten als Nahrungsquelle angewiesen, 80 Prozent aller Pflanzen werden von den fliegenden Sechsbeinern bestäubt – auch Nutzpflanzen, die Grundlage unserer Ernährung. Fehlen Insekten, verschwinden unweigerlich auch andere Arten. Am Ende dieser Kettenreaktion könnte der Zusammenbruch ganzer Ökosysteme stehen.

Ob es auch am Klimawandel liegt, ist noch unklar

Beunruhigend ist das vor allem deshalb, weil die Ursachen für den Rückgang der Insekten alles andere als klar auf der Hand liegen – auch wenn zuletzt reflexartige[2] Schuldzuweisungen an die Landwirte die Regel waren. Sie seien es, die nicht nur Pestizide[3] über die Felder sprühen, sondern auch noch die letzten Hecken und Rückzugsgebiete für Insekten am Feldrand, auf Brachland oder Wiesen umpflügen.

Doch das ist Ideologie[4], kein Wissen: Die Studie – die übrigens die Insektenmengen in 63 Naturschutzgebieten, nicht in extensiv[5] landwirtschaftlich genutzten Gebieten gemessen hat – gibt solche Schlussfolgerungen nicht her. Den Forschern fehlen schlicht noch Daten, um zu belegen, ob veränderte Land-, Insektizid- und Düngemittelnutzung[6] die Ursache des Insektensterbens ist oder ob andere Faktoren eine wichtige Rolle spielen – etwa die Klimaerwärmung.

Die Suche nach den Ursachen ist dabei kein Selbstzweck. Nur wer sie kennt, kann wirklich wirkungsvolle Maßnahmen ergreifen. Nur zu glauben, sie zu kennen, hilft nicht. Es könnte sogar zu falschen, der Umwelt zusätzlich schadenden Maßnahmen führen.

Andererseits: Nur zu warten, bis Forscher bessere Ergebnisse vorlegen, kann angesichts der Dynamik des Insektensterbens auch nicht der richtige Weg sein. Die Gesellschaft und ihre staatlichen Institutionen müssen nach dem Vorsorgeprinzip handeln. Vorsorge bedeutet aber nicht gutgläubiges Reglementieren[7] vermeintlich „Schuldiger". Was immer wir jetzt tun, wir Konsumenten, wir Städter, schulden den Produzenten unseres täglichen Brotes Respekt.

Raubbau an der Natur durch Griff zu billigen Produkten

Denn selbst wenn sich herausstellt, dass die jahrzehntelange landwirtschaftliche Praxis ein Hauptverursacher des Massensterbens der Insekten ist, dann tragen nicht allein Landwirte, sondern wir alle die (Mit-)Schuld, die wir mit unserem steten Griff nach dem billigeren Brot und dem billigeren Schnitzel

5 *extensiv (in Bezug auf die Landwirtschaft): so, dass mit möglichst wenig Aufwand ein großer Ertrag erzielt wird*

6 *Insektizidnutzung: Einsatz von chemischen Mitteln zur Vernichtung von Insekten*

1 *Ökosystem: Lebensgemeinschaft von Organismen in ihrer natürlichen Umgebung*

7 *Reglementieren: das Regeln nach Vorschriften*

2 *reflexartig: automatisch, ohne nachzudenken*

3 *Pestizide: chemische Mittel, die in der Landwirtschaft eingesetzt werden, um als schädlich geltende Insekten, Pilze oder Unkräuter zu beseitigen*

4 *Ideologie: Weltanschauung, Wertvorstellung*

den Raubbau an der Natur mit vorangetrieben haben.

Nicht allein „die Bauern“, sondern wir alle müssen uns Gedanken darüber machen, welchen Preis wir für eine gesunde Natur zahlen wollen: entweder in Form zusammenbrechender Ökosysteme und anschließender Hungersnöte. Oder wir entschließen uns endlich, Landwirten durch faire Mindestpreise für landwirtschaftliche Erzeugnisse erst den Spielraum und dann die Spielregeln für eine nachhaltige Nahrungsmittelproduktion zu geben.

Quelle: Sascha Karberg: Unheil im Anflug – für uns alle. Erschienen in „Der Tagesspiegel“ vom 21. 10. 2017.
In: www.tagesspiegel.de/wissen/insektensterben-in-deutschland-unheil-im-anflug-fuer-uns-alle/20486142.html

Lies den Text „Unheil im Anflug – für uns alle“ von Sascha Karberg sorgfältig durch und bearbeite dann die Aufgaben.

1. Fasse den **Inhalt des Textes** so zusammen, dass dessen Aufbau erkennbar wird.
2. Beschreibe auffällige **sprachliche Mittel** und erläutere deren **Wirkung**.
3. Ordne den Text begründet einer **Textsorte** zu.
4. **Beziehe Stellung** zur Frage, ob der Verfasser die Gefahren, die mit dem Insektensterben verbunden sind, übertrieben darstellt (ca. 250 Wörter).
5. Schreibe einen **persönlichen Brief** an einen Freund oder eine Freundin. Stelle dir Folgendes vor:
   Ihr seid beide in einer Initiative zum Umweltschutz aktiv. Bisher habt ihr euch vor allem dafür engagiert, dem Klimawandel entgegenzuwirken. Nachdem du den Text „Unheil im Anflug – Gefahr für uns alle“ gelesen hast, ist dir klar geworden, dass es noch um viel mehr geht als darum, eine Temperaturerhöhung um mehr als 1,5 Grad zu verhindern. Es ist dir ein Anliegen, deiner Freundin/deinem Freund deine neuen Erkenntnisse mitzuteilen.

Hinweis: Die Aufgaben sind Teil des Beispiels. Du musst sie hier nicht bearbeiten.

9 Die Einleitung schreiben

Mit der **Einleitung** bereitest du die Leser*innen auf das Thema vor. Bei der Erschließung eines pragmatischen Textes bedeutet das: Du kündigst an, mit welchem Text du dich im Folgenden beschäftigen wirst.

Als Erstes nennst du alle **Basisinformationen**, die dir bekannt sind:

- die **Textsorte** (Bericht, Reportage, Kommentar ...),
- den **Titel** des Textes (in Anführungszeichen setzen!),
- den **Namen der Verfasserin oder des Verfassers**,
- die **Quelle** (z. B. den Namen der Zeitung und das Erscheinungsdatum),
- das **Thema** des Textes.

Die **Reihenfolge**, in der du die Basisinformationen nennen musst, ist nicht festgelegt. Du kannst beispielsweise mit der Textsorte beginnen, gefolgt vom Titel, dem Namen der Autorin oder des Autors und den übrigen Informationen; oder du nennst zuerst das Thema und ergänzt danach die anderen Angaben.

Wenn du das Thema zusammenfasst, solltest du zunächst das zentrale Thema – also den **Kerninhalt** – benennen, mit dem sich der Text im Allgemeinen befasst. Anschließend empfiehlt es sich, das Thema noch etwas weiter zu **präzisieren**.

Beispiel

In ihrem Bericht „Warum ein Goldfisch niemals in freier Natur ausgesetzt werden sollte", erschienen am 29.07.2021 in der Zeitung „Die Welt", befasst sich Sabine Winkler mit einem Problem, das durch falsch verstandene Tierliebe entstehen kann (Kerninhalt). Die Verfasserin beschreibt darin, welche negativen Folgen für das Ökosystem entstehen, wenn Menschen ihre Goldfische, die sie nicht mehr haben möchten, in einem See aussetzen (Präzisierung).

Tipp

Müssen alle Basisinformationen immer in einem Satz untergebracht werden?

Es ist nicht einfach, alle **fünf Basisinformationen** so in einem **einzigen Satz** aufeinanderfolgen zu lassen, dass sich dieser Satz flüssig lesen lässt. Falls du damit Probleme hast, kannst du die Informationen auch auf mehrere Sätze verteilen, z. B. so:

Der Bericht „Warum ein Goldfisch niemals in freier Natur ausgesetzt werden sollte" von Sabine Winkler ist am 29.07.2021 in der Zeitung „Die Welt" erschienen. Darin geht es um ein Problem, das durch falsche Tierliebe entstehen kann. Die Verfasserin ...

Übung 22

1. Lies dir den Einleitungssatz im Beispiel oben durch und bestimme die Reihenfolge der Informationen.

- ______________________________
- ______________________________
- ______________________________
- ______________________________
- ______________________________

2. Formuliere diesen Einleitungssatz so um, dass die Informationen in einer anderen Reihenfolge angeordnet sind.

3. Bestimme die Basisinformationen für den Übungstext „Unheil im Anflug – für uns alle“ von Sascha Karberg (S. 43/44).

Basisinformationen	
Textsorte	
Titel	
Autor	
Quelle	
Thema (Kerninhalt)	

4. a) Schreibe einen Einleitungssatz für den Text.

   Hinweis: Da der Titel recht lang ist, kannst du die Basisinformationen auch auf mehrere Sätze verteilen.

   b) Vollende die Einleitung, indem du einen weiteren Satz schreibst, mit dem du das Thema präzisierst.

   c) Übertrage deine komplette Einleitung in die Reinschrift. (→ Heft)

10 Den Inhalt unter Berücksichtigung des Textaufbaus zusammenfassen

In der ersten Teilaufgabe zur Erschließung eines **pragmatischen Textes** geht es darum, den **Inhalt** zusammenzufassen. Dabei musst du immer auch auf den **Aufbau des Textes** eingehen.
Bei einer **Inhaltszusammenfassung** informierst du die Leser*innen kurz und knapp über den dargestellten Sachverhalt. In der **Einleitung** hast du bereits die **Basisinformationen** genannt (Textsorte, Titel, Name der Verfasserin/des Verfassers, Quelle, Thema). Am **Anfang des Hauptteils** geht es also nun darum, genauere Auskünfte über die wesentlichen Inhalte zu geben. Stelle mit wenigen Sätzen dar, was über das Thema gesagt wird. Bleibe dabei beim Grundsätzlichen; verliere dich nicht in Einzelheiten.
Den Textaufbau beschreibst du, indem du zusätzlich sagst, in wie viele **Sinnabschnitte** sich der Text einteilen lässt. Gib bei jedem Sinnabschnitt die **Zeilennummern** an und beschreibe dessen besonderen Inhalt.

Hinweis: Auf den ersten Blick scheint die Zahl der Sinnabschnitte mit der Zahl der Absätze übereinzustimmen. Das ist aber nur zum Teil richtig. Es stimmt zwar, dass dort, wo ein **neuer Absatz** beginnt, in der Regel auch ein neuer **Sinnabschnitt** anfängt. (Die Verfasserin oder der Verfasser hat ja nicht ohne Grund einen neuen Absatz begonnen!) Wenn ein Text allerdings längere Abschnitte aufweist, lassen sich diese bei genauer Betrachtung oft in kleinere Teilabschnitte untergliedern. Aber auch das Umgekehrte ist möglich: Mehrere kurze Absätze bilden inhaltlich manchmal einen Sinnabschnitt.

Tipp

Woran erkennst du, ob ein neuer Sinnabschnitt beginnt?

Anzeichen für einen neuen Sinnabschnitt sind:

- Die Verfasserin oder der Verfasser wendet sich einem **neuen Gedanken** zu.
- Ein **Perspektivwechsel** wird vorgenommen.
- Ein **Tempuswechsel** erfolgt.

Wenn du den Aufbau des Textes beschreibst, solltest du darauf achten, dass es dabei nicht zu unschönen Wiederholungen kommt *(Im ersten Sinnabschnitt … Im zweiten Sinnabschnitt … usw.)*. Dem kannst du entgegenwirken, indem du die Erwähnung des Sinnabschnitts nicht immer an den Anfang des Satzes stellst. Du musst die Zahl des jeweiligen Sinnabschnitts auch nicht jedes Mal ausdrücklich nennen *(Im ersten … Im zweiten …* stattdessen auch möglich: *Im nächsten … Im letzten …)*, da du die Abschnitte in genau der Reihenfolge durchgehen sollst, wie sie im Text aufeinanderfolgen. Zudem musst du ohnehin jeweils die Zeilennummern nennen, sodass für die Leser*innen klar ist, von welchem Sinnabschnitt du sprichst. Auch bei der Art, wie du die Zeilenangaben in den Text einfügst, kannst du aus verschiedenen Möglichkeiten wählen. Du kannst sie beispielsweise in Klammern stellen oder direkt in den Satz einbauen.

Beispiele

Im ersten Sinnabschnitt (Z. ... bis Z. ...) befasst sich der Autor mit ...
In den Zeilen ... bis ... erläutert der Autor ...
Anschließend (Z. ... bis Z. ...) wendet er sich der Frage zu, weshalb ...
Auf die möglichen Folgen geht er im dritten Abschnitt (Z. ... bis Z. ...) ein.
Er beschließt seinen Text (Z. ... bis Z. ...) mit Überlegungen zu möglichen Konsequenzen ...

Zähle die wesentlichen Inhalte des Textes aber nicht einfach nur auf, sondern stelle inhaltliche **Zusammenhänge** her. Wichtige Zusammenhänge sind z. B.:

B ...
- ist der **Grund** für A. *(weil, da, denn, aus diesem Grund ...)*
- ist eine **Ursache** von A. *(darum, deshalb; das ist darauf zurückzuführen, dass ...)*
- ist eine **Folge** von A. *(folglich, also; das hat dazu geführt, dass ...)*
- steht im **Gegensatz** zu A. *(aber, dennoch, trotzdem; dazu steht im Gegensatz, dass ...)*
- ist eine **Bedingung** für A. *(wenn, falls; im Falle, dass ...)*
- ist ein **Beispiel** für A. *(beispielsweise, dafür ein Beispiel: ...)*

Beispiel

Ich muss mir eine warme Jacke anziehen. Es ist kalt geworden.
Ich muss mir eine warme Jacke anziehen, weil es kalt geworden ist.
→ Die zweite Aussage nennt einen Grund für die erste Aussage.

Hinweis: Oft bringt der Autor inhaltliche Zusammenhänge eher indirekt zum Ausdruck. Dann musst du überlegen, **warum** er etwas erwähnt, nachdem er vorher etwas anderes gesagt hat.

Übung 23

1. Benenne die Zusammenhänge zwischen A und B. Es genügt, wenn du die Sätze durch die entsprechenden Begriffe ergänzt *(einen Grund, eine Ursache ...)*.

A	B	B nennt für A ...
Früher musste man auf Urlaubsfahrten regelmäßig die Windschutzscheibe säubern.	Viele Insekten klebten daran.	
Heute braucht man die Windschutzscheibe nur noch selten zu reinigen.	Es fliegen kaum noch Insekten dagegen.	
Es kann zum Zusammenbruch ganzer Ökosysteme kommen.	Das Insektensterben wird nicht gestoppt.	
Die Gründe für das Insektensterben sind noch nicht geklärt.	Es fehlen nach wie vor ausreichende Daten.	
Es muss unbedingt etwas gegen das Insektensterben unternommen werden.	Es könnte zu einer Katastrophe kommen.	

2. Formuliere die Aussagen so um, dass die Zusammenhänge zwischen ihnen zu erkennen sind. Verwende dafür Konjunktionen (z. B. *wenn* oder *weil*) oder feststehende Formulierungen (z. B.: *Das ist darauf zurückzuführen, dass …*).

   Hinweis: Du kannst die Reihenfolge der Sätze ändern.

   ▶ ______________________________

   ▶ ______________________________

   ▶ ______________________________

   ▶ ______________________________

   ▶ ______________________________

Tipp

Wie ausführlich soll eine Inhaltszusammenfassung sein?

Nenne nicht zu viele Einzelheiten, da es eher um die „große Linie" geht. Du kannst aber auch einige (wenige) **Beispiele** nennen, damit die Leser*innen besser verstehen, was du sagst.

Beachte folgende Regeln bei der Zusammenfassung eines pragmatischen Textes:

- **Regel 1:** Gib den Textinhalt **in deinen eigenen Worten** wieder. Formulierungen, die wörtlich im Text stehen, solltest du möglichst nicht verwenden.
- **Regel 2:** Beginne für jeden Sinnabschnitt einen **neuen Absatz**.
- **Regel 3:** Informiere die Leser*innen in **Grundzügen** über den Textinhalt. Verwende dafür Formulierungen wie diese:
  Der Verfasser stellt dar, wie … oder: *Dem Text ist zu entnehmen, dass …* Beispiele
- **Regel 4:** Bei der Zusammenfassung eines pragmatischen Textes gibst du die **Gedanken der Verfasserin/des Verfassers** wieder. Das musst du auch durch die Art und Weise, wie du die einzelnen Inhalte formulierst, deutlich machen. Stelle die Textaussagen deshalb in der **indirekten Rede** dar.
  Der Verfasser weist darauf hin, dass Insekten sehr wichtig seien. Beispiel
  Vgl. dazu auch das Kapitel „Der Konjunktiv in der indirekten Rede", ab S. 114.

▶ **Regel 5:** Schreibe **sachlich**. Vermeide Formulierungen, die deinen Text lebendig oder spannend erscheinen lassen.

Beispiele

Verwende also nicht: *Plötzlich …, Jetzt …, Nun …*
Schreibe besser: *Nachdem er …, Obwohl sie …, Das führt dazu, dass …*

▶ **Regel 6:** Fasse längere Handlungsabläufe **knapp** zusammen. Bringe das, was im Text mit mehreren Sätzen dargestellt ist, „auf den Punkt"!

Beispiel

Anstatt z. B. eine Auseinandersetzung zwischen zwei Personen ausführlich mit allen Einzelheiten wiederzugeben, kannst du sie auf einen Satz reduzieren: *Es kommt zwischen … zu einem Streit.*

▶ **Regel 7:** Verwende als Zeitform das **Präsens**. Wenn du ausdrücken willst, was **vor** einer bestimmten Handlung geschehen ist, verwende das Perfekt.

Beispiel

Es kommt (Präsens) *zu einem Streit, nachdem sich … ereignet hat* (Perfekt).

▶ **Regel 8:** In der Inhaltszusammenfassung gibt es **keine wörtliche Rede**. Wichtige Textaussagen, die in der wörtlichen Rede stehen, werden in die **indirekte Rede** übertragen. Achte dabei auf die korrekte Verwendung des Konjunktivs.

Beispiel

Die Aussage: *Der Mann behauptet: „Ich trage dafür keine Verantwortung."* wird umgeformt in: *Der Mann behauptet, er trage dafür keine Verantwortung.*

Hinweis: Wenn du ausdrücken willst, was jemand sagt oder meint, kannst du auch sehr frei formulieren. Aber Achtung: Es muss stets deutlich werden, ob du „Tatsachen" erwähnst oder von Aussagen oder Gedanken der Verfasserin oder des Verfassers sprichst.

Beispiel

Statt: *Der Verfasser findet es nicht richtig, wenn …* kannst du kurz und knapp frei formulieren: *Der Verfasser lehnt das ab.*

▶ **Regel 9:** Verknüpfe deine Sätze miteinander. Verwende dafür **Adverbien** oder **Konjunktionen**, mit denen die Zusammenhänge zwischen den Sätzen verdeutlicht werden.

Beispiele

Verwende z. B.: *anschließend, danach, deswegen, weil, da, nachdem, obwohl, wenn, infolgedessen, folglich …*

Schritt für Schritt

Verfassen einer Inhaltszusammenfassung mit Darstellung des Textaufbaus

Arbeitsschritt 1 — **Untergliedere** den Text **in Sinnabschnitte:**
- Lies den Text nochmals **aufmerksam** durch.
- Überlege, wo ein **neuer Gedanke** oder ein **neues Thema** beginnt.
- **Markiere** solche Textstellen mit einem Zeichen, z. B. so: ⌈

Arbeitsschritt 2 — Formuliere für jeden Abschnitt kurze und prägnante **Zwischenüberschriften**.

Arbeitsschritt 3 — **Fasse** nun den Inhalt wie folgt **zusammen:**
- Informiere am Anfang über die **Anzahl der Sinnabschnitte**.
- Orientiere dich an der Reihenfolge, die der Text vorgibt.
- Beschreibe mit wenigen, aber eigenen (!) Worten den **Inhalt** der einzelnen Abschnitte. Gib dabei jeweils die **Zeilenangaben** an, damit die Leser*innen die Grenzen zwischen den Sinnabschnitten nachvollziehen können.
- Mache bei jedem Sinnabschnitt deutlich, inwiefern es sich um einen neuen, anderen Inhalt handelt.

Übung 24

1. Untergliedere den Text „Unheil im Anflug – für uns alle“ von Sascha Karberg (S. 43/44) in Sinnabschnitte. Notiere Beginn und Ende eines jeden Sinnabschnitts und benenne dann mit wenigen Stichworten den Inhalt.

Sinnabschnitt	von Z. … bis Z. …	Inhalt
1		
2		
3		
4		
5		
6		
7		
8		

Hinweis: Die Anzahl der Zeilen in der Tabelle sagt noch nichts über die tatsächliche Anzahl der Sinnabschnitte aus. Wenn du den Text in weniger Sinnabschnitte untergliederst, kannst du die letzten Zeilen frei lassen. Falls du mehr Sinnabschnitte erkennst, ergänze in deinem Heft einfach die fehlenden Zeilen.

2. a) Schreibe auf Grundlage deiner Ergebnisse aus Aufgabe 1 eine Inhaltszusammenfassung mit erkennbarem Textaufbau. (→ Heft)

   b) Überarbeite anschließend deine Inhaltszusammenfassung: Korrigiere mögliche Fehler oder ungeschickte Formulierungen.

   c) Übertrage deine Inhaltszusammenfassung in die Reinschrift. (→ Heft)

11 Die sprachliche Gestaltung untersuchen

Die Art und Weise, wie ein Text sprachlich gestaltet ist, trägt maßgeblich zu seinem **Inhalt** bei. Deshalb wird bei jeder Erschließung eines pragmatischen Textes von dir verlangt, den Text auch in Bezug auf seine **sprachlichen Besonderheiten** zu untersuchen. Es kann aber sein, dass du dabei nicht den gesamten Text unter die Lupe nehmen musst, sondern die Sprachanalyse in der Aufgabenstellung auf einen bestimmten Textabschnitt oder eine festgelegte Anzahl sprachlicher Auffälligkeiten eingegrenzt wird. Auch die Auseinandersetzung mit einer These zur sprachlichen Gestaltung des Textes kann verlangt werden.

Bei der Untersuchung der Sprache muss dir Folgendes gelingen:

- Du erkennst **sprachliche Merkmale**, die den Text **besonders** auszeichnen.
- Du **benennst** die Merkmale richtig mit den zugehörigen **Fachbegriffen**.
- Du zeigst auf, welche **Wirkung** von diesen sprachlichen Mitteln ausgeht.

Tipp

Lässt sich einzelnen sprachlichen Merkmalen eine bestimmte Wirkung zuordnen?

Das ist nicht möglich. Es **hängt** stets **vom Textinhalt ab, welche Wirkung von einem sprachlichen Mittel ausgeht**. Dafür ein Beispiel: Wenn die Sätze, die in einem Text aufeinanderfolgen, alle in der gleichen Weise konstruiert sind, kann das entweder den Eindruck von Gleichmäßigkeit und Ruhe erzeugen – oder den Eindruck von Monotonie (Eintönigkeit) und Langeweile. Welche Wirkung von einem sprachlichen Merkmal ausgeht, musst du deshalb immer am Inhalt überprüfen. Frage dich z. B.: *Wie wirkt es **hier**, dass der Satzbau so gleichmäßig gestaltet ist – eher positiv oder negativ?* Oder: *Wie unterstützt das sprachliche Mittel den Inhalt **dieser** Textstelle?*

11.1 Sprachliche Besonderheiten

Wenn du sagen sollst, wie ein Text sprachlich gestaltet ist, geht es nicht darum, über jede Kleinigkeit Auskunft zu geben. Wichtig ist, dass du erkennst, wodurch sich ein Text **ganz besonders** auszeichnet.
Du solltest also nicht schreiben: *In dem Text sind einige Adjektive.* Denn dass ein Text Adjektive enthält, ist an sich noch nichts Besonderes. Auffällig wäre es aber, wenn in einem Text **ganz bestimmte Adjektive** zu finden sind, z. B. *dunkel, grau, finster* … Das würde darauf hindeuten, dass der Sachverhalt als bedrückend dargestellt wird. Ebenso wäre es auch auffällig, wenn in einem Text **gar keine Adjektive** verwendet werden. So eine Darstellung könnte z. B. eher kühl und sachlich wirken.

Tipp

Woher weißt du, welche Wirkung von einzelnen Wörtern ausgeht?

Frage dich vor allem, ob die verwendeten Wörter bei der Leserin oder dem Leser **positive oder negative Vorstellungen** wecken. Denn diese Bilder sind es, die eine bestimmte **Wirkung** hervorrufen.

Folgende **Aspekte** kannst du bei einer Sprachanalyse untersuchen:

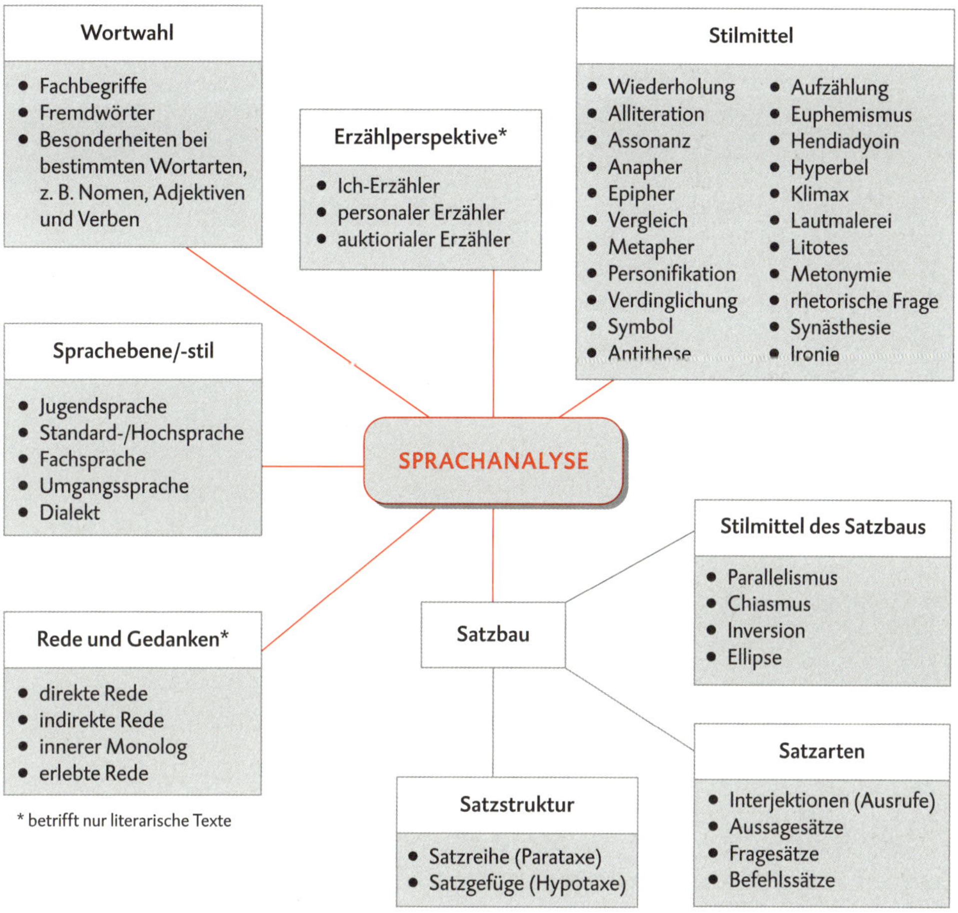

* betrifft nur literarische Texte

11.2 Wortwahl

Wenn du die Sprache eines Textes untersuchen sollst, empfiehlt es sich, als Erstes darauf zu achten, welche **Wörter** verwendet werden. Am besten markierst du beim ersten Lesen bereits alle Begriffe farbig, die dir besonders auffallen. Es geht vor allem um diese **Wortarten:**

- besondere Nomen (z. B. statt *Mann* die Wörter *Herr, Typ* oder *Kerl*),
- anschauliche Adjektive (z. B. *hell, leuchtend, klar* oder *strahlend*),
- treffende Verben (z. B. statt *sagen* die Wörter *verkünden, brüllen* oder *wispern*).

Vielleicht fällt dir dabei auch auf, dass im Text viele **Fachbegriffe** aus einem bestimmten Themenbereich verwendet werden, wie z. B. *Quelltext, Virus* oder *Leiterplatten* aus der IT-Sprache. Unter den auffälligen Wörtern könnten sich auch **Fremdwörter** befinden, wie beispielsweise die englischen Begriffe *Motherboard, Update* oder *Browser*. Mit der Verwendung solcher Ausdrücke zeigt die Autorin/der Autor, dass sie/er sich in diesem Fachbereich auskennt. Eine weitere Besonderheit könnten verschiedene Wörter aus der **Alltags-** bzw. **Umgangssprache** (z. B. *Klamotten* statt *Kleidung*) sein oder **jugendsprachliche Begriffe** (z. B. *cringe*), die Erwachsene selbst bei einer zwanglosen Unterhaltung nicht verwenden würden.

Übung 25

1. Untersuche den Text „Unheil im Anflug – für uns alle“ (S. 43/44) in Bezug auf die **Wortwahl**. Schreibe jeweils fünf Adjektive, Nomen und Verben heraus, die bei der Leserin oder dem Leser entweder positive oder negative Vorstellungen wecken.

   Hinweis: Neutral wirkende Wörter spielen keine Rolle.

   ▶ Adjektive:

	positiv	negativ
______	☐	☐
______	☐	☐
______	☐	☐
______	☐	☐
______	☐	☐

   ▶ Nomen:

	positiv	negativ
______	☐	☐
______	☐	☐
______	☐	☐
______	☐	☐
______	☐	☐

   ▶ Verben:

	positiv	negativ
______	☐	☐
______	☐	☐
______	☐	☐
______	☐	☐
______	☐	☐

2. Beschreibe und begründe die Wirkung, die von der Wortwahl in diesem Text ausgeht. Belege deine Aussagen durch Beispiele aus dem Text.

11.3 Sprachebene/-stil

Die Wortwahl deutet in der Regel auch auf eine bestimmte **Sprachebene** hin (auch „Sprachniveau" genannt). Von Interesse ist stets, ob der Text sprachlich von Texten abweicht, die man normalerweise im Alltag liest.

Um die Sprachebene zu bestimmen, kannst du dir diese Fragen stellen:

- Ist der Text überwiegend in der **Standardsprache** geschrieben, also auf Hochdeutsch? Dann handelt es sich um eine Sprachebene, in der geschriebene Texte üblicherweise verfasst sind. Oder werden mitunter auch Wörter oder Formulierungen aus der **Umgangssprache** verwendet? In diesem Fall entspricht die Sprache dem mündlichen Sprachgebrauch. Dann hätte die Autorin oder der Autor das Sprachniveau bewusst **niedrig** gehalten.
- Gibt es **Fachbegriffe** im Text? Dann richtet sich der Text vor allem an Leser*innen, die ein gewisses Vorwissen mitbringen. Oder werden überwiegend **allgemein verständliche Begriffe** benutzt? Dann richtet sich die Autorin oder der Autor an alle interessierten Leser*innen, also auch an solche, die keine Fachleute sind. Gleiches gilt auch, wenn zwar Fachbegriffe vorkommen, diese aber im Text erklärt werden.
- Greift die Verfasserin oder der Verfasser zwischendurch auch zu einer Sprache, die erfahrungsgemäß nur in bestimmten Gruppen, z. B. **Jugendsprache**, oder Regionen, z. B. bayerischer **Dialekt**, gesprochen wird? Oder ist die Sprache so gestaltet, dass sich der Text an eine größere Allgemeinheit richtet?

Hinweis: Nur dann, wenn der Text vom Sprachniveau her von anderen geschriebenen Texten **erkennbar** abweicht, musst du in deiner Sprachanalyse darauf eingehen. Selbstverständlichkeiten brauchst du nicht eigens zu erwähnen.

Tipp

Auf wie viele Wörter musst du verweisen, um einen Text einer Sprachebene zuordnen zu können?

Orientiere dich an den Wörtern, die **überwiegend** verwendet werden. Es geht um die **Regel – nicht um die Ausnahme**. Ein oder zwei Wörter reichen z. B. nicht aus, um einen Text einer bestimmten Sprachebene zuzuordnen. Bei fünf bis zehn Wörtern, die erkennbar einem bestimmten Stil entsprechen, sieht das schon anders aus.

Übung 26

1. Ordne den Übungsstext (S. 43/44) einem Sprachniveau zu. Kreuze die passende Aussage an.

   Der Text entspricht vom Sprachstil her …

   - ☐ der Standardsprache.
   - ☐ der Umgangssprache.
   - ☐ der Jugendsprache.
   - ☐ einer Fachsprache.

2. Begründe deine Zuordnung. Beziehe dich dabei auf Beispiele aus dem Text.

   Begründung:

11.4 Stilmittel

MindCards: Wichtiges wiederholen

Digitales Glossar: Begriffe nachschlagen

Es gibt in einem Text manchmal Formulierungen, die ihn besonders raffiniert oder kunstvoll gestaltet erscheinen lassen, weil sie **vom üblichen Sprachgebrauch abweichen** und dadurch die Aufmerksamkeit der Leser*innen wecken. Von Bedeutung sind dabei zunächst diese beiden Arten von **Stilmitteln: Wiederholungen** und **sprachliche Bilder**. Daneben gibt es noch weitere sogenannte **rhetorische Figuren**, z. B. Zwillingsformeln wie *mit Lug und Trug* oder *auf Schritt und Tritt.*

Oftmals sind Stilmittel schon so im allgemeinen Sprachgebrauch verankert, dass sie kaum noch auffallen. Deshalb musst du bei der Untersuchung eines Textes besonders darauf achten. Um solche Stilmittel zu erkennen, kannst du dir vor allem zwei Fragen stellen:

- Weicht die Formulierung vom **allgemeinen Sprachgebrauch** ab?
- Hat sie neben der oberflächlichen Bedeutung **einen zweiten Sinn**?

Wenn du **beide Fragen mit Ja** beantworten kannst, solltest du davon ausgehen, dass es sich um ein Stilmittel handelt.

Im Folgenden findest du einen Überblick über die wichtigsten Stilmittel:

Wiederholungen

Wiederholt werden können sowohl kleine Einheiten – z. B. Buchstaben – als auch größere Einheiten, z. B. Wortgruppen oder sogar ganze Sätze. Wiederholungen sind für den Sinn eines Textes insofern wichtig, als sie für eine besondere Betonung sorgen: Was wiederholt wird, fällt auf – und sollte deshalb unbedingt beachtet werden.

Auf einen Blick

Übersicht über die verschiedenen Stilmittel der Wiederholung

Fachbegriff	Erläuterung	Beispiele
Alliteration	gleiche Buchstaben am Wortanfang	*Milch macht müde Männer munter.*
Assonanz	gleiche Vokale	*In den Uhlenpfuhl zu den Unken, du schrumpliger Lump!*
Anapher	gleiche Wörter am Satzanfang	*Ratlos war der Kanzler. Ratlos waren die Minister. Ratlos waren alle, die von der Sache wussten.*
Epipher	gleiche Wörter am Satzende	*Er telefonierte nur sehr selten. Er schrieb auch nur sehr selten. Und auch sein Haus verließ er nur sehr selten.*

Sprachliche Bilder

Ein sprachliches Bild drückt einen Sachverhalt auf besonders poetische Weise aus. Das geschieht dadurch, dass mithilfe des bildhaften Ausdrucks Personen oder Dinge aus zwei ganz unterschiedlichen Sachbereichen aufeinander bezogen werden. Daher wirkt die Darstellung besonders anschaulich.

Beispiel

Der Junge stand da wie angewurzelt. Durch diese Formulierung wird der Eindruck erweckt, als stünde der Junge so reglos da wie eine Pflanze, die im Boden festgewachsen ist.

Auf einen Blick

Übersicht über die verschiedenen sprachlichen Bilder

Fachbegriff	Erläuterung	Beispiele
Vergleich	Vergleich mit einer Person oder Sache aus einem anderen Bereich; erkennbar an den Wörtchen „wie" und „als ob"	*Sein Sohn war ihm wie aus dem Gesicht geschnitten.* *Es regnete so sehr, als ob der Weltuntergang bevorstünde.*
Metapher	Gleichsetzung von Personen oder Sachen aus unterschiedlichen Bereichen; es gibt keine Vergleichswörter (wie z. B. „wie" oder „als ob")	*Das Leben ist eine Wüste.* *Der Dschungel der Großstadt erschreckte das Mädchen vom Lande.*
Personifikation	Etwas eigentlich Unbelebtes wird mit menschlichen Eigenschaften und Fähigkeiten dargestellt.	*Die Sonne lacht.* *Der Tag verabschiedet sich.*
Verdinglichung	Menschen oder Tiere werden wie Dinge beschrieben.	*In den Zügen sitzen zwei Fassaden Leute sich betonschwer gegenüber.*
Symbol	ein Sinnbild, das etwas Konkretes nennt, z. B. einen Vogel, aber auf etwas Allgemeines verweist, das man sich nur denken kann	*Taube* (für Frieden), *Herz* (für Liebe)

Auf einen Blick

Weitere wichtige Stilmittel

Fachbegriff	Erläuterung	Beispiele
Antithese	Gegenüberstellung zweier Begriffe oder Aussagen, die im Gegensatz zueinander stehen	*Tagsüber war sie müde, nachts konnte sie nicht schlafen.*
Aufzählung	Zusammenstellung ähnlicher Elemente, die sich alle ein und demselben Oberbegriff unterordnen lassen	*Sie fühlte sich richtig krank, denn sie litt an Halsschmerzen, Schnupfen, Husten, Fieber und Müdigkeit.* (Aufzählung von Krankheitssymptomen)
Euphemismus	Beschönigung	*einschlafen* statt *sterben* *verhaltensoriginell* statt *verhaltensgestört*
Hendiadyoin	eine Zwillingsformel: man verwendet zwei bedeutungsähnliche Wörter, um ein und dasselbe auszudrücken	*Grund und Boden* *klipp und klar* *mit List und Tücke*
Hyperbel	starke Übertreibung	*Das habe ich dir schon tausendmal gesagt!*
Klimax	Abfolge von Wörtern, die durch ihre Anordnung eine Steigerung bis hin zu einem Höhepunkt anzeigen	*Er arbeitete Tag für Tag zehn, zwölf, vierzehn, ja, oft sogar zwanzig Stunden.*
Lautmalerei	Nachahmung eines Naturlauts durch den Klang eines Wortes	*Kuckuck, knistern, rascheln*
Litotes	Verneinung des Gegenteils; mit dieser scheinbaren Untertreibung wird das Gemeinte eher betont	*nicht ungern* (statt *gern*) *keine Kleinigkeit* (statt *viel*) *Es ist nicht mehr das Neueste.* (statt *Es ist alt.*)
Metonymie	eine Art Umbenennung; anstelle des eigentlichen Begriffs wird z. B. nur ein bestimmtes Merkmal des Gemeinten genannt (Ort, Material o. Ä.)	*ein Glas trinken* (statt *ein Glas Wein trinken*) *pro Nase* (statt *pro Person*) *ein Dach über dem Kopf haben* (statt *eine Wohnung haben*)
rhetorische Frage	eine Frage, auf die man keine Antwort erwartet, weil diese ohnehin klar ist	*Habt ihr etwa was dagegen?* (Erwartete Antwort: *Nein!*) *Du stimmst mir doch zu, oder?* (Erwartete Antwort: *Ja!*)
Synästhesie	Verbindung unterschiedlicher Sinneseindrücke (z. B. des Hörens und des Schmeckens)	*Süßer die Glocken nie klingen …* (Schmecken und Hören) *warmes Gold* (Fühlen und Sehen)

Übung 27

1. Nenne die Fachbegriffe für diese Stilmittel aus dem Übungstext (S. 43/44):
   a) „zu Dutzenden“ (Z. 2)

   b) „von den fliegenden Sechsbeinern“ (Z. 19/20)

   c) „auf der Hand liegen“ (Z. 32)

   d) „Nur wer sie kennt, kann wirklich wirkungsvolle Maßnahmen ergreifen. Nur zu glauben, sie zu kennen, hilft nicht. [...] Nur zu warten, bis Forscher bessere Ergebnisse vorlegen, kann angesichts der Dynamik des Insektensterbens auch nicht der richtige Weg sein.“ (Z. 54–64)

   e) „Produzenten unseres täglichen Brotes“ (Z. 71/72)

   f) „Raubbau an der Natur“ (Z. 83)

   g) „Preis“ (Z. 87)

   h) „erst den Spielraum und dann die Spielregeln“ (Z. 94/95)

2. Erläutere die Bedeutung des Sprachbilds von der „Kettenreaktion“ (Z. 24). Gehe so vor:
   a) Beschreibe zunächst, wann man von einer Kettenreaktion sprechen würde.

   b) Erkläre dann, wie die Kettenreaktion aussehen würde, die der Autor im Sinn hat.

3. Der Titel des Textes lautet: „Unheil im Anflug – für uns alle“
   a) Erläutere den Sinn dieses Sprachbilds.

   b) Erkläre, warum es sich bei diesem Sprachbild **nicht** um eine **Personifikation** handelt.

11.5 Sonderfall Ironie

Wenn man ironisch wird, bringt man **auf humorvolle Art Kritik** an etwas zum Ausdruck. Meist bezieht sich diese Kritik auf das Verhalten einer anderen Person. Die Kritik wird aber **nicht direkt** geäußert, sondern man sagt meist genau das **Gegenteil** von dem, was wirklich gemeint ist.

Beispiel

Ein Vater sagt zu seinem Sohn: *„Das hast du ja mal wieder fein hingekriegt!“* Dabei hat der Sohn beim Essen gerade ein volles Glas umgestoßen, mit dem Ergebnis, dass sich der Inhalt über den ganzen Tisch verteilt. Der Vater hat seine Kritik an der Ungeschicklichkeit des Sohnes quasi hinter der Maske von Lob und Anerkennung versteckt.

Typisch für Ironie sind auch **Übertreibungen** (Fachbegriff „Hyperbel“).

Beispiel

Eine Schülerin sieht, dass ihre beste Freundin einen neuen Pullover hat. Daraufhin sagt sie zu ihr: *„Deine Eltern müssen ja ganz schön reich sein, wenn sie dir jeden Tag Geld für neue Klamotten geben.“* Das ist in jedem Fall eine Übertreibung: Wenn jemand einen neuen Pullover hat, zeigt das weder, dass die Eltern reich sind, noch, dass sie ihrem Kind jeden Tag Geld für neue Kleidungsstücke geben.

Tipp

Warum wird in einem Text Ironie verwendet, um Kritik zu üben?

Wenn Verfasser*innen sich des Stilmittels der Ironie bedienen, haben sie sich bewusst dafür entschieden, ihre **Kritik nicht direkt zu äußern**. Indem sie sie auf humorvolle Weise üben, **distanzieren** sie sich in gewisser Weise von ihren Äußerungen und können so auch **schwierige Themen** ansprechen. Gleichzeitig erreichen sie durch die humorvolle Darstellung eine **breitere Leserschaft**. Allerdings wird vorausgesetzt, dass die Leser*innen in der Lage sind, die Ironie im Text zu verstehen, da es sonst zu Missverständnissen käme.

Übung 28

1. Sieh dir das folgende Zitat aus dem Übungstext (S. 43/44) an und überlege, ob diese Textstelle ironisch gemeint sein könnte. Begründe deine Meinung.

   „Denn so lästig Insekten in der Cola oder auf der Windschutzscheibe sein mögen, so zentral und unverzichtbar ist ihre Rolle in den Ökosystemen." (Z. 13–16)

   ☐ Ja, die Textstelle ist ironisch gemeint.

   ☐ Nein, die Textstelle ist nicht ironisch gemeint.

   Begründung:

2. Passt deiner Meinung nach eine ironische Darstellung zum Inhalt des Textes? Begründe deine Meinung wieder.

   ☐ Ja, ich finde Ironie passt zum Inhalt des Textes.

   ☐ Nein, ich finde, dass Ironie nicht zum Inhalt des Textes passt.

   Begründung:

11.6 Satzbau

Bei einigen Texten empfiehlt es sich, auch näher auf den **Satzbau** einzugehen. Es gibt drei Dinge, auf die du dabei achten kannst:

- die **Satzarten**,
- die **Satzstruktur** (Fachbegriff: „Syntax"),
- **Stilmittel**, die den **Satzbau** betreffen.

Satzarten

Damit ist gemeint: Welche **Arten von Sätzen** gibt es in dem Text? Besteht er nur aus **Aussagesätzen**? Oder gibt es auch **Frage-, Ausrufe-** oder **Befehlssätze**? Mit den Satzarten, die die Verfasser*innen verwenden, geben sie zu verstehen, wie sie den jeweiligen Sachverhalt sehen:

- Mit **Aussagesätzen** werden die Leser*innen über einen Sachverhalt informiert. Die Verfasser*innen sind sich sicher, dass die Informationen stimmen.
- Mit **Fragesätzen** geben sie zu verstehen, dass sie bezüglich einer Sache unsicher sind. (Oder sie richten die Frage an die Leser*innen und sprechen sie damit direkt an.)
- Mit **Ausrufesätzen** bringen die Verfasser*innen ihre Gefühle zum Ausdruck (z. B. Empörung oder Erstaunen).
- Mit **Befehlssätzen** werden die Leser*innen zu einer Handlung aufgefordert.

Hinweis: Ein pragmatischer Text, in dem es auch mal einen Frage-, Ausrufe- oder Befehlssatz gibt, wirkt lebendiger als ein Text, der nur aus Aussagesätzen besteht.

Satzstruktur

Bezüglich der Satzstruktur gibt es grundsätzlich zwei Möglichkeiten:

- Bei einer **Satzreihe** (Parataxe) werden nur **Hauptsätze** aneinandergereiht.
- Bei einem **Satzgefüge** (Hypotaxe) sind **Haupt-** und **Nebensätze** miteinander „verfugt".

Du kannst davon ausgehen, dass es kaum einen Text gibt, der ausschließlich aus Satzreihen oder Satzgefügen besteht. Um die Satzstruktur zu bestimmen, solltest du zuerst überprüfen, was **überwiegt:** Satzreihen oder Satzgefüge? Überlege anschließend, ob es **Ausnahmen** von der üblichen Satzstruktur gibt und inwiefern diese den jeweiligen Inhalt widerspiegeln bzw. unterstützen.

Welche Satzstruktur in einem Text vorliegt, kannst du **nicht** an der Zeichensetzung erkennen. Zwar sind Nebensätze vom zugehörigen Hauptsatz grundsätzlich durch Kommas getrennt, aber auch aufeinanderfolgende Hauptsätze können durch Kommas voneinander abgegrenzt werden. Zur **Unterscheidung von Haupt- und Nebensätzen** ist die **Position des finiten Verbs** (also des gebeugten Verbs) viel hilfreicher: Steht das finite Verb **vorne** im Satz (also auf der ersten oder zweiten Satzgliedposition), handelt es sich um einen **Hauptsatz**, steht es am **Satzende**, kannst du davon ausgehen, dass es sich um einen **Nebensatz** handelt.

Beispiele

Wenn das Insektensterben so weitergeht, kann das eine Kettenreaktion auslösen.
↓ Nebensatz ↓ Hauptsatz

(**Satzgefüge**, bestehend aus einem Nebensatz und einem Hauptsatz)

Es würden keine Blüten mehr befruchtet, Früchte könnten nicht mehr wachsen.
↓ Hauptsatz ↓ Hauptsatz

(**Satzreihe**, bestehend aus zwei aufeinanderfolgenden Hauptsätzen)

Von dieser Regel gibt es nur wenige **Ausnahmen**. Diese liegen z. B. vor, wenn eine bestimmte Konjunktion (meist *wenn* oder *falls*) ausgelassen wird. In diesem Fall rückt das finite Verb ganz nach vorn – und trotzdem handelt es sich um einen Nebensatz!

Beispiel

Hilfst du mir bei den Mathe-Aufgaben, helfe ich dir auch mit Englisch. Der erste Satz ist hier als Nebensatz zu verstehen. Gemeint ist: *Wenn du mir bei den Mathe-Aufgaben hilfst, helfe ich dir auch mit Englisch.*

Tipp

Welche Wirkung kann der Satzbau haben?

Du kannst davon ausgehen, dass ein Text, der nur aus **aufeinanderfolgenden Hauptsätzen** besteht, sehr **nüchtern, monoton und sachlich** klingt. Dagegen wirkt ein Text, der aus **Satzgefügen** besteht, **lebendiger** und er ist auch **besser verständlich**. Das liegt schon daran, dass klarer aufgezeigt wird, welche Zusammenhänge es zwischen den einzelnen Teilsätzen gibt. Allerdings sind das **nur allgemeine Angaben**, die du unbedingt **am Text überprüfen** musst. Zum einen gibt es kaum Texte, die nur aus Hauptsätzen bestehen. Und zum anderen hängt die Wirkung des Satzbaus immer auch vom **Inhalt des Textes** ab.

Stilmittel des Satzbaus

Einige **Auffälligkeiten im Satzbau** kann man auch als **Stilmittel** bezeichnen. Du erkennst sie an ihren besonderen Merkmalen:

Auf einen Blick

Übersicht über die verschiedenen Stilmittel des Satzbaus

Fachbegriff	Merkmale	Beispiele
Chiasmus	Überkreuzstellung von Satzteilen, z. B. mit Vertauschung von Subjekt (S), Prädikat (P) und Objekt (O)	*Ich liebe dich,* (S – P – O) *ihn hasse ich.* (O – P – S)
Ellipse	Weglassen von Satzteilen	*Nachts auch. Immerzu.* (statt *Es passiert nachts auch. Es geschieht immerzu.*)
Inversion	Umstellung eines Satzes mit Abweichung von der üblichen Satzstellung	*Aufsteigt die Sonne.* (statt *Die Sonne steigt auf.*)
Parallelismus	Gleiche Satzbauelemente werden wiederholt.	*Sie sehen fern. Sie hören weit.*

Übung 29

1. Satzreihe oder Satzgefüge? Bestimme den Satzbau in den folgenden Beispielen.
   a) „Auf jeder Fahrt in den Sommerurlaub klebten sie zu Dutzenden auf der Windschutzscheibe unseres Opel Kadett. Heute, 40 Jahre später, bleibt die Sicht erstaunlich oft frei." (Z. 1–5)

   ____

   b) „Fehlen Insekten, verschwinden unweigerlich auch andere Arten." (Z. 22–24)

   ____

   c) „Die Gesellschaft und ihre staatlichen Institutionen müssen nach dem Vorsorgeprinzip handeln. Vorsorge bedeutet aber nicht gutgläubiges Reglementieren vermeintlich ‚Schuldiger'." (Z. 64–68)

   ____

2. a) Bestimme den Satzbau des Textes „Unheil im Anflug – für uns alle". Kreuze an, was überwiegt:

   ☐ Satzreihe
   ☐ Satzgefüge

   b) Der nachfolgende Satz befasst sich mit den Ausnahmen in der Satzstruktur. Streiche jeweils die falsche Variante durch, damit der Satz inhaltlich stimmt.

   An einigen Stellen weicht der Satzbau von der üblichen Struktur ab, um die darin enthaltenen *wichtigen Informationen/Zusatzinformationen* hervorzuheben und *besonders knapp und einprägsam/besonders detailliert* darzustellen.

3. Schreibe einen Satz aus dem Text heraus, der elliptisch verkürzt ist.

   ____
   ____
   ____
   ____
   ____

4. Beurteile den Charakter des Textes, der durch den Satzbau geprägt wird. Kreuze die passende Wirkung an und begründe deine Einschätzung.

   Der Satzbau wirkt eher …

   ☐ monoton.
   ☐ lebendig.

Begründung:

____

____

____

____

____

Die sprachliche Gestaltung eines Textes beschreiben

Schritt für Schritt

Arbeitsschritt 1 **Lies den Text mindestens dreimal durch**, um die wesentlichen Besonderheiten der sprachlichen Gestaltung zu erkennen.

Arbeitsschritt 2 Gehe beim Lesen **systematisch** vor: Achte beim **ersten Durchlesen** vor allem auf die **Wortwahl**, beim **zweiten Durchlesen** auf die **sprachlichen Mittel** und beim **dritten Durchlesen** auf den **Satzbau**. (Bei der Fülle der möglichen sprachlichen Merkmale besteht sonst die Gefahr, dass du etwas Wichtiges übersiehst.)

Arbeitsschritt 3 **Markiere** bei jedem Lesen **alle Textstellen, die dir auffallen**. Notiere am Rand jeweils den **Fachbegriff**. Dabei kannst du auch Abkürzungen benutzen, z. B. *WW* für *Wortwahl* oder *SB* für *Satzbau*.

Arbeitsschritt 4 **Wähle** aus der Fülle der Merkmale, die du entdeckt hast, diejenigen **aus**, die die Gestaltung dieses Textes **in besonderer Weise** prägen.

Arbeitsschritt 5 **Beschreibe die sprachliche Gestaltung** in einem zusammenhängenden Text. Gehe dabei so vor:

- Lege die **Reihenfolge der sprachlichen Mittel** fest, auf die du eingehen willst. Beschreibe zunächst eine Besonderheit, die man auf Anhieb erkennt. Wende dich dann nach und nach auch solchen Besonderheiten zu, die erst bei genauem Hinsehen zu erkennen sind.
- Belege jedes sprachliche Merkmal **anhand von passenden Textstellen**.
- Äußere dich immer auch zur **Wirkung** der einzelnen sprachlichen Mittel.
- Runde deine Darstellung mit zwei, drei Sätzen ab. Erläutere darin, wie der Text in seiner sprachlichen Gestaltung insgesamt wirkt. Frage dich z. B., ob die Leser*innen den Text ernst nehmen oder ihn nach raschem Durchlesen eher achselzuckend zur Seite legen werden.

Tipp

Warum sollst du dich beim Beschreiben der Sprache auf bestimmte Merkmale beschränken?

Du musst zeigen, dass du erkennst, welche Merkmale den Text **in besonderer Weise auszeichnen**. Deshalb solltest du Schwerpunkte setzen. (Hüte dich davor, Selbstverständlichkeiten zu erwähnen, die auch in anderen Texten üblich sind.)

Übung 30

1. Wähle drei bis fünf sprachliche Besonderheiten aus, die den Übungstext (S. 43/44) auszeichnen. Beschreibe diese sprachlichen Besonderheiten in einem zusammenhängenden Text. (→ Heft)

2. Lies deinen Text noch einmal genau durch. Korrigiere, wenn nötig, einzelne Fehler oder ungeschickte Formulierungen. Übertrage diesen Abschnitt in die Reinschrift. (→ Heft)

12 Eine weitere Besonderheit des Textes erschließen

Die dritte Teilaufgabe bezieht sich immer auf eine **weitere Besonderheit** des jeweils vorliegenden pragmatischen Textes.
Dabei kann es sich entweder um eine individuelle Besonderheit des Textes handeln oder häufig auch um …

- eine begründete Zuordnung des Textes zu einer **Textsorte**,
- Aussagen zur **möglichen Absicht der Verfasserin/des Verfassers** oder
- die begründete Bestimmung der **Zielgruppen** des Textes.

Es kann auch vorkommen, dass die Aufgabenstellung mehrere dieser Gesichtspunkte miteinander verbindet.

12.1 Die Textsorte bestimmen

Digitales Glossar: Begriffe nachschlagen

Meist hast du schon in der Einleitung eine **Zuordnung des Textes zu einer Textsorte** vorgenommen (vgl. S. 45), allerdings hast du die Textsorte dort nur genannt. Hier sollst du zeigen, dass du eine solche Zuordnung auch **begründen** kannst. Nicht immer lassen sich Texte eindeutig einer bestimmten Textsorte zuweisen. Daher gibt es auch Aufgabenstellungen, die eine argumentative Auseinandersetzung mit der Zuordnung zu einer Textsorte verlangen (z. B. Was spricht dafür, was dagegen, den Text als Reportage einzuordnen?).

Um einen Text **begründet** einer Textsorte zuzuordnen, musst du **nachweisen**, dass es sich tatsächlich um eine Reportage, einen Kommentar, eine Glosse o. Ä. handelt. Dabei nennst du zur Begründung die **wesentlichen Merkmale**, die diese Textsorte auszeichnen. Dass diese Merkmale den Text tatsächlich kennzeichnen, musst du belegen, indem du dich auf Textstellen beziehst, die das zeigen.

Für die Prüfung sind vor allem folgende Textsorten von Bedeutung:

Auf einen Blick

Journalistische Texte

informierend
- Bericht
- Reportage

meinungsbildend
- Kommentar
- Glosse
- Kolumne

Wie du siehst, musst du als Erstes erkennen, ob es sich um einen **informierenden** oder einen **meinungsbildenden** Text handelt.

Tipp

Wie unterscheidest du einen informierenden und einen meinungsbildenden Text?

- Mit einem **informierenden Text** sollen die Leser*innen über einen bestimmten Sachverhalt, z. B. eine Nachricht, **informiert** werden. Dabei enthält sich die Verfasserin oder der Verfasser jeder Meinungsäußerung. Die Darstellung ist (weitgehend) neutral und **objektiv**.
- Mit einem **meinungsbildenden Text**, z. B. einem Kommentar, äußert die Verfasserin oder der Verfasser die eigene **Meinung** zu einem Sachverhalt. Die Leser*innen sollen motiviert werden, sich mit dieser Ansicht auseinanderzusetzen. Die Darstellung ist nicht neutral, sondern **subjektiv**.

Allerdings wird eine Meinung in den seltensten Fällen **direkt** zum Ausdruck gebracht (etwa: *Das finde ich gut.*). Die Leser*innen müssen schon genauer hinschauen, um herauszufinden, welche Ansicht die Autorin oder der Autor zum Thema vertritt. Dabei empfiehlt es sich, auf bestimmte **Adverbien** zu achten, mit denen angezeigt wird, wie eine Aussage zu verstehen ist: *leider, natürlich, selbstverständlich, fälschlicherweise, bedauerlicherweise …*

Hinweis: Sind diese Adverbien ernst gemeint, handelt es sich um einen Kommentar; sind sie ironisch zu verstehen, handelt es sich um eine Glosse.

Informierende Texte

Bericht

Der **Bericht** ist diejenige Textsorte, die am häufigsten in einer Zeitung zu finden ist. Grundlage ist jeweils eine **Nachricht** über ein **aktuelles Ereignis**. Der Bericht informiert **sachlich** und **neutral** über Geschehnisse (z. B. aus Politik oder Sport), die von allgemeinem Interesse sind. Bei der Darstellung enthalten sich die Journalistinnen oder Journalisten jeder persönlichen Wertung; d. h., sie schreiben nur auf, was geschehen ist, und geben nicht zu erkennen, was sie davon halten.

Die einzelnen Informationen werden nach dem **Prinzip des Nachrichtendreiecks** (umgekehrte Pyramide) mit **abnehmender Wichtigkeit** vermittelt.

Auf einen Blick

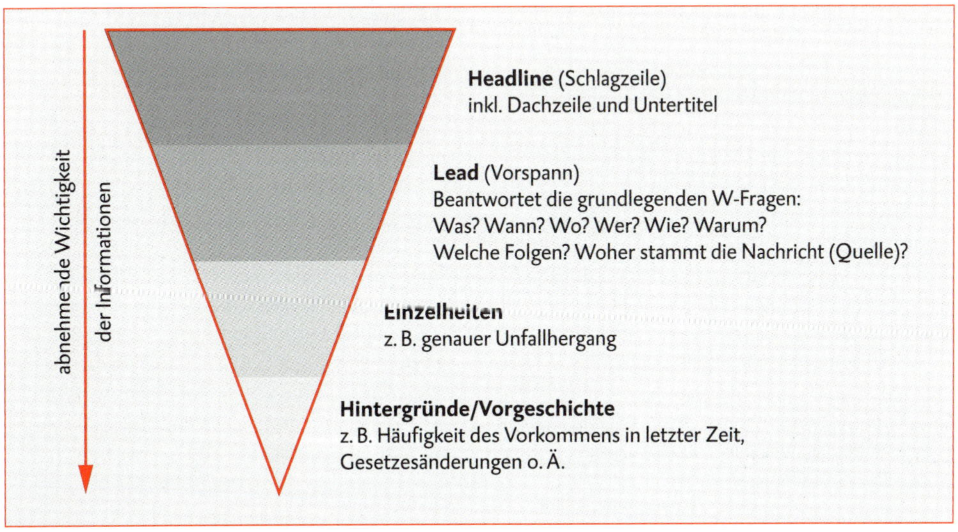

Reportage

Reportagen sind meist deutlich länger als Berichte. Ziel einer **Reportage** ist es, den Leserinnen und Lesern genauere Vorstellungen von bestimmten Zuständen zu vermitteln (z. B. vom Alltag junger Mütter). Daher ist die Darstellung **anschaulich** und meist **unterhaltsam**. Die Anschaulichkeit wird in der Regel dadurch erreicht, dass **konkrete Beispiele** beschrieben werden (also nicht die Situation junger Mütter generell, sondern die Situation einer einzelnen jungen Mutter). Die Ereignisse, um die es geht, müssen nicht unbedingt aktuell sein; beispielsweise kann eine Reportage die Situation von Flüchtlingen darstellen, die in einem Gebiet leben, in dem schon seit Längerem Bürgerkrieg herrscht.

Auf einen Blick

Merkmale des Berichts	Merkmale der Reportage
• über ein **aktuelles Ereignis** aus den Bereichen Politik, Wirtschaft, Sport und Lokales • **Länge** abhängig von Bedeutung des Ereignisses (bei wichtigen Ereignissen auch **Hintergrundinformationen**)	• über ein Thema von allgemeinem Interesse • meist **konkretes Beispiel** (z. B. Erfahrungen eines Menschen) als Grundlage • Eindruck, als wären die **Reporter*innen** selbst **vor Ort** • viele **Einzelheiten** (z. B. Aussehen, Umfeld einer Person) zur Veranschaulichung • kein Eindruck von Vollständigkeit, sondern **gezieltes Herausgreifen** typischer **Einzelheiten**
• rein **objektive** und **nüchterne** sprachliche Darstellung • Tempus: Perfekt oder **Präteritum** • Sprache an vermutete Leserschaft angepasst: **Abonnementzeitungen** (z. B. „Süddeutsche Zeitung") eher gehobener Sprachstil; **Boulevardzeitungen** (z. B. „Bild") eher einfache Sprache • **manchmal Äußerungen wichtiger** oder **betroffener Personen** in direkter oder indirekter Rede (z. B. Unfallzeugen)	• sowohl **objektive** als auch **subjektive** Darstellung (sowohl Informationen als auch Meinungen und Gefühle) • Tempus: **meist im Präsens**, bei Vorzeitigkeit meist Perfekt • **lebendige** und **anschauliche** Sprache (Wortwahl: anschauliche Adjektive, treffende Verben und passende Nomen, z. B. für Benennung von Lebewesen und Gegenständen) • **häufig** Äußerungen von Personen in **wörtlicher Rede**
folgt dem **Aufbau** des **Nachrichtendreiecks** mit abnehmender Wichtigkeit, d. h.: • zuerst die **Headline** (Schlagzeile) inkl. Untertitel • dann Beantwortung aller W-Fragen im **Lead** (Vorspann) • Darstellung von **Einzelheiten**, z. B. des ganzen Hergangs • am Ende evtl. **Hintergrundinformationen** oder **Vorgeschichte**	**freiere** Gestaltung des **Aufbaus**, aber mit diesen Elementen: • **Zoomtechnik:** Einstieg mit einem konkreten Detail, danach Wechsel zum Allgemeinen • Verteilung wichtiger **Informationen** über den **ganzen Text** • **Wechsel** zwischen **subjektiven Schilderungen** und **objektiven/allgemeinen Aussagen** • endet häufig mit **allgemeiner Aussage** oder mit **letztem Blick** auf eine Person oder ihr Umfeld; evtl. Bogen zum Detail am Anfang
Funktion: sachlich und neutral über Geschehnisse **informieren**	**Funktion:** über Zustände und Sachverhalte **informieren** und die Leser*innen dabei **unterhalten**

Meinungsbildende Texte

Kommentar

Mit einem **Kommentar** geben Journalistinnen oder Journalisten zu einem Ereignis eine **Bewertung** ab, d. h., sie äußern ihre **Meinung** dazu. Meist handelt es sich um eine kritische Meinung; Lob ist in einem Kommentar eher selten. Ein **aktuelles Ereignis** oder **Thema** ist oft der Anlass, um **Kritik** an bestimmten gesellschaftlichen Zuständen zu üben. Die Verfasser*innen bemühen sich darum, ihre Kritik sachlich zu begründen. Deshalb enthält jeder Kommentar auch **Argumente**. Mit ihrer Argumentation wollen sie die Leser*innen nachdenklich stimmen: Sie sollen sich fragen, ob die Kritik berechtigt ist.

Glosse

Die **Glosse** ist die journalistische Form einer Satire (vgl. S. 100). Sie zielt zwar wie der Kommentar darauf ab, die Leser*innen nachdenklich zu stimmen. Aber das erfolgt nicht mithilfe von sachlichen Argumenten, sondern eher auf eine **humorvolle, belustigende Art**. Eine Glosse und ein Kommentar haben also einige Gemeinsamkeiten, aber es gibt auch Unterschiede.

Kolumne

Die **Kolumne** ist im Grunde eine **Sonderform des Kommentars oder der Glosse** und unterscheidet sich insofern, als sie oft **auf persönlichen Erfahrungen** beruht und in einer Zeitung oder Zeitschrift **regelmäßig** an der gleichen Stelle erscheint. Sie wird häufig durch **gestalterische Elemente** wie einen Rahmen, eine besondere Überschrift oder Bilder vom Rest abgegrenzt.

Auf einen Blick

Merkmale des Kommentars	Merkmale der Glosse
• Kritik an **aktuellen Trends** oder gesellschaftlichen, politischen oder kulturellen **Entwicklungen** • Begründung der Meinung durch **Argumente** und Darstellung möglicher **Folgen** • Einordnung der Themen in größere **Zusammenhänge** • **Name der Verfasserin/des Verfassers** genannt, zur Verdeutlichung, dass es sich nicht um die Meinung der Redaktion handelt	• Kritik an allgemeineren **Missständen** oder **negativen Verhaltensweisen** im Alltag (meist auf konkrete Beispiele bezogen) • **große Sachkenntnis** zum behandelten Thema erkennbar • **spöttische Bloßstellung** der kritisierten Person(en) oder eines gesellschaftlichen Zustandes • häufig, aber nicht immer: **Name der Verfasserin/des Verfassers** genannt, zur Verdeutlichung, dass es sich nicht um die Meinung der Redaktion handelt
• ernsthafte und **sachliche** Argumentation	• **übertriebene** und **ironische** Form der Argumentation
• **gehobene Sprache:** Satzgefüge dominieren, einfache Hauptsätze als „Ruhepunkte" zwischendrin	• **saloppe** und **spielerische Sprache:** viele rhetorische Mittel (z. B. Hyperbeln, Metaphern, Vergleiche), Redewendungen, Wortspiele und Wortkreationen usw.
• **Umgangssprache** eher **selten**, z. B. dann, wenn eine Autorin oder ein Autor meint, die Menschen würden sich so ausdrücken	• **Umgangssprache** durchaus üblich

• Wortwahl verdeutlicht die Meinung, z. B. anhand von **wertenden Adjektiven** (z. B. *unsinnig, gefährlich*) und **Kommentaradverbien** (*natürlich* oder *selbstverständlich*) • Tempus: **meist Präsens**, um die Aussagen als grundsätzlich zutreffend darzustellen; Präteritum nur bei vergangenen Ereignissen	• Wortwahl verdeutlicht die Meinung, z. B. anhand von **wertenden Adjektiven** (z. B. *unsinnig, gefährlich*) und **Kommentaradverbien** (*natürlich* oder *selbstverständlich*) • Tempus: **Präsens**, um die Aussagen zu veranschaulichen und zu vergegenwärtigen; mitunter auch Vergangenheitsformen
• Text beginnt mit **aktuellem Anlass** oder **Debatte** zum Thema • Verfasserin/Verfasser äußert **Meinung** zum Thema und **begründet** sie mit Argumenten • endet oft mit **indirektem Appell** an **Betroffene** oder **Verantwortliche**, darüber nachzudenken und ggf. das Verhalten zu ändern • zugleich **Aufforderung** an die **Leser*innen**, sich unter Berücksichtigung der angeführten Argumente eine **eigene Meinung** zu bilden	• Text beginnt oft mit Beschreibung einer **typischen Situation** oder Verweis auf eine **aktuelle Entwicklung** • Verfasserin/Verfasser **führt Beteiligte** durch die Darstellung **vor** (stellt sie z. B. als lächerlich dar), ohne die eigene Meinung zu äußern • endet oft mit **überraschender Wende** (Pointe)
• **Funktion:** will auf seriöse Art überzeugen und zum Nachdenken anregen	• **Funktion:** will auf humorvolle Art zum Nachdenken anregen

Schritt für Schritt

Verfassen einer Textsortenbegründung

Arbeitsschritt 1 **Lies** den Text noch einmal **aufmerksam** durch, um zu prüfen, ob die Textsortenzuordnung, die du ggf. bereits in der Einleitung vorgenommen hast, stimmt.

Arbeitsschritt 2 Suche nach **Besonderheiten**, die **für diese Textsorte typisch** sind. Markiere sie und notiere dir am Rand die entsprechenden Fachbegriffe.

Arbeitsschritt 3 Wähle diejenigen Textsortenmerkmale aus, die den Text in **besonderer Weise auszeichnen**.

Arbeitsschritt 4 Verfasse deine Textsortenbegründung.
Strukturiere diesen Abschnitt so:

- Bestimme als Erstes die **Textsorte**.
- Begründe deine Zuordnung, indem du nachweist, dass die **entscheidenden Textsortenmerkmale** vorliegen.
- Verweise zum Beleg auf den Text oder **zitiere Textstellen**.
- Beende den Abschnitt, indem du die Zuordnung zu der Textsorte noch einmal klar bestätigst.

Achte beim Schreiben darauf, dass deine Darstellung nicht zu monoton klingt. Verwende Formulierungen wie diese:

- *Dass es sich um einen Bericht/einen Kommentar … handelt, ist schon daran zu erkennen, dass …*
- *Typisch für diese Textsorte ist auch, dass …*
- *Hinzu kommt, dass …*
- *Somit erfüllt der Text die wesentlichen Merkmale, die den Bericht/den Kommentar … auszeichnen.*

Tipp

Welche Merkmale einer Textsorte muss ich nennen?

Achte darauf, dass du nur die Merkmale nennst, die für diese Textsorte wirklich **typisch** sind. Es gibt nämlich einige Merkmale, die für mehrere Textsorten infrage kommen, und die helfen dir bei deiner Begründung der Textsortenzuordnung nicht weiter.

Übung 31

1. Nenne drei Unterschiede, die zwischen einem Bericht und einer Reportage bestehen.

2. Nenne die entscheidende Übereinstimmung und den wesentlichen Unterschied zwischen einem Kommentar und einer Glosse.

   Übereinstimmung:

   Wesentlicher Unterschied:

3. a) Ordne den Text „Unheil im Anflug – für uns alle" (S. 43/44) begründet einer Textsorte zu. Führe dabei mindestens drei Merkmale an, die für diese Textsorte typisch sind. (→ Heft)

   b) Lies diesen Abschnitt noch einmal sorgfältig durch und korrigiere, wenn nötig, Fehler oder Formulierungsschwächen.

   c) Übertrage ihn dann in die Reinschrift. (→ Heft)

Die äußere Form beschreiben

Manchmal wirst du aufgefordert, im Zuge der Textsortenbestimmung auch auf die **äußere Form** des pragmatischen Textes einzugehen. Dazu solltest du die **Fachbegriffe** der typischen Layoutelemente journalistischer Texte kennen und ihre **Wirkung** beschreiben können.

Journalistinnen und Journalisten wollen, dass ihre Texte gelesen werden, und bemühen sich daher darum, die Leser*innen für ihre Texte zu interessieren:

- Die **Headline** (Schlagzeile) – optisch durch Fettdruck und eine große Schrift hervorgehoben – ist möglichst so formuliert, dass sie das Interesse der Leser*innen weckt. Bei Boulevardzeitungen sind die Formulierungen in den Überschriften geradezu reißerisch; zudem wird in diesen Zeitungen eine **große, auffallende Schrift** verwendet, die man schon von Weitem lesen kann.
- Größere Schlagzeilen werden oft von kleineren Überschriften begleitet: von **Dachzeilen** (oberhalb der Hauptüberschrift) und **Untertiteln** (unterhalb der Hauptüberschrift).
- Bei einigen Texten wie Berichten wird ein **Lead** (Vorspann) vorangestellt, der den Inhalt knapp zusammenfasst; dieser ist meist ebenfalls durch Fettdruck hervorgehoben.
- Auch **Fotos** bzw. **Grafiken** sollen Aufmerksamkeit erregen. Zudem können sie den Textinhalt veranschaulichen oder zusätzliche Informationen liefern.

Damit die Leser*innen einen Text zu Ende lesen und nicht die Lust am Lesen verlieren, werden längere Textblöcke durch diese Gestaltungsmittel aufgelockert:

- Zeitungsartikel sind in der Regel in mehreren **Spalten** abgedruckt. Dadurch wirkt der Text von vornherein etwas „luftiger".
- Auch **Absätze** lockern den Text auf und gliedern ihn in inhaltliche Einheiten.
- Bei längeren Texten werden außerdem oft **Zwischenüberschriften** gesetzt, die das Thema des nachfolgenden Abschnitts widerspiegeln.
- Manchmal werden einzelne Abschnitte oder auch der ganze Text in einen **Kasten** oder **Rahmen** gesetzt, also durch eine Linie vom Umfeld abgetrennt.
- Die **unterschiedlichen Schrifttypen** sorgen für Auflockerung oder setzen den Text vom Rest ab. Z. B. können Kommentare oder Quellenangaben **kursiv** (d. h. in Schrägschrift) gedruckt sein oder wichtige Formulierungen **fett** gedruckt werden.

Übung 32

1. Beschrifte alle gestalterischen Mittel, die im Layout des Übungstextes angewendet wurden.

DER TAGESSPIEGEL

Insektensterben in Deutschland

Unheil im Anflug – für uns alle

Insekten sterben massenhaft. Sollte der Grund unsere landwirtschaftliche Praxis sein, dann tragen auch wir Verbraucher eine Mitschuld.

Von Sascha Karberg

Auf jeder Fahrt in den Sommerurlaub klebten sie zu Dutzenden auf der Windschutzscheibe unseres Opel Kadett. Heute, 40 Jahre später, bleibt die Sicht erstaunlich oft frei. Um 76 Prozent ist die Biomasse an Fluginsekten zwischen 1989 und 2016 in Nord- und Nordwestdeutschland zurückgegangen. Das ist das Ergebnis einer Studie, die britische, holländische und deutsche Forscher veröffentlicht haben.

Es besteht also Grund zur Sorge. Denn so lästig Insekten in der Cola oder auf der Windschutzscheibe sein mögen, so zentral und unverzichtbar ist ihre Rolle in den Ökosystemen. Über die Hälfte aller Vögel ist auf Fluginsekten als Nahrungsquelle angewiesen, 80 Prozent aller Pflanzen werden von den fliegenden Sechsbeinern bestäubt – auch Nutzpflanzen, die Grundlage unserer Ernährung. Fehlen Insekten, verschwinden unweigerlich auch andere Arten. Am Ende dieser Kettenreaktion könnte der Zusammenbruch ganzer Ökosysteme stehen.

Ob es auch am Klimawandel liegt, ist noch unklar

Beunruhigend ist das vor allem deshalb, weil die Ursachen für den Rückgang der Insekten alles andere als klar auf der Hand liegen – auch wenn zuletzt reflexartige Schuldzuweisungen an die Landwirte die Regel waren. Sie seien es, die nicht nur Pestizide über die Felder sprühen, sondern auch noch die letzten Hecken und Rückzugsgebiete für Insekten am Feldrand, auf Brachland oder Wiesen umpflügen.

Doch das ist Ideologie, kein Wissen: Die Studie – die übrigens die Insektenmengen in 63 Naturschutzgebieten, nicht in extensiv landwirtschaftlich genutzten Gebieten gemessen hat – gibt solche Schlussfolgerungen nicht her. Den Forschern fehlen schlicht noch Daten, um zu belegen, ob veränderte Land-, Insektizid- und Düngemittelnutzung die Ursache des Insektensterbens ist oder ob andere Faktoren eine wichtige Rolle spielen – etwa die Klimaerwärmung.

Die Suche nach den Ursachen ist dabei kein Selbstzweck. Nur wer sie kennt, kann wirklich wirkungsvolle Maßnahmen ergreifen. Nur zu glauben, sie zu kennen, hilft nicht. Es könnte sogar zu falschen, der Umwelt zusätzlich schadenden Maßnahmen führen.

Andererseits: Nur zu warten, bis Forscher bessere Ergebnisse vorlegen, kann angesichts der Dynamik des Insektensterbens auch nicht der richtige Weg sein. Die Gesellschaft und ihre staatlichen Institutionen müssen nach dem Vorsorgeprinzip handeln. Vorsorge bedeutet aber nicht gutgläubiges Reglementieren vermeintlich „Schuldiger“. Was immer wir jetzt tun, wir Konsumenten, wir Städter, schulden den Produzenten unseres täglichen Brotes Respekt.

Raubbau an der Natur durch Griff zu billigen Produkten

Denn selbst wenn sich herausstellt, dass die jahrzehntelange landwirtschaftliche Praxis ein Hauptverursacher des Massensterbens der Insekten ist, dann tragen nicht allein Landwirte, sondern wir alle die (Mit-)Schuld, die wir mit unserem steten Griff nach dem billigeren Brot und dem billigeren Schnitzel den Raubbau an der Natur mit vorangetrieben haben.

Nicht allein „die Bauern“, sondern wir alle müssen uns Gedanken darüber machen, welchen Preis wir für eine gesunde Natur zahlen wollen: entweder in Form zusammenbrechender Ökosysteme und anschließender Hungersnöte. Oder wir entschließen uns endlich, Landwirten durch faire Mindestpreise für landwirtschaftliche Erzeugnisse erst den Spielraum und dann die Spielregeln für eine nachhaltige Nahrungsmittelproduktion zu geben.

Quelle: Sascha Karberg: Insektensterben in Deutschland, Unheil im Anflug – für uns alle, erschienen in „Der Tagesspiegel“ vom 21.10. 2017. Im Internet unter: http://www. tagesspiegel.de/wissen/insektensterben-in-deutschland-unheil-im-anflug-fuer-uns-alle/20486142.html

2. Erkläre, welche Wirkung es auf die Leser*innen haben könnte, wenn ihnen der Text ohne Gestaltung, nur mit einer Überschrift präsentiert würde.

12.2 Die Autorenabsicht bestimmen

Wenn du aufgefordert wirst, die mögliche **Absicht**, die hinter einem Text steht, zu bestimmen, musst du überlegen, welche **Ziele** die Autorin oder der Autor mit dem Text erreichen will. Dafür solltest du dich als Erstes an der **Textsorte** orientieren. Wie du weißt, gibt es auf der einen Seite **informierende Texte** (z. B. Bericht und Reportage) und auf der anderen Seite **meinungsbildende Texte** (z. B. Kommentar und Glosse). Je nach Textsorte kannst du die Absicht von vornherein grob bestimmen:

Textsorte	Darstellung	Absicht
Bericht	Der Text wirkt durchgängig sachlich und objektiv. Es werden zu einem Sachverhalt neue Informationen mitgeteilt.	**informieren**
Reportage	Der Text wirkt anschaulich und die Darstellung ist nicht durchweg objektiv.	**informieren** und **unterhalten**
Kommentar	Der Text wirkt sachlich, ist aber erkennbar subjektiv. Die Verfasserin/Der Verfasser äußert darin die eigene Meinung zu einem Sachverhalt und begründet diese mit Argumenten.	die eigene **Meinung** zu einem Sachverhalt mitteilen
Glosse	Der Text wirkt humorvoll. Das Verhalten einer bekannten Person, ein gesellschaftlicher Trend o. Ä. wird aufs Korn genommen.	**amüsieren** und **kritisieren**

Im Prüfungsaufsatz reicht es nicht, die Absicht der Autorin/des Autors nur grob zu bestimmen. Du musst etwas mehr in die Tiefe gehen, vor allem bei der Textsorte „Kommentar". Man kann die Aussageabsichten danach unterscheiden, wie viel mit einem Text bei den Leserinnen und Lesern erreicht werden soll:

Die Autorin/Der Autor will …

- darauf **aufmerksam machen**, dass man zu einem bestimmten Thema eine Meinung vertreten kann, die man bisher vielleicht noch nicht bedacht hat.
- dazu **anregen**, sich mit ihrer/seiner Meinung **auseinanderzusetzen**.
- **Gefühle wecken**, z. B. das Gefühl des Mitleids oder der Empörung.
- die Leser*innen **dazu bewegen, ihre Meinung zu ändern**.
- sie **dazu bringen, sich ihrer/seiner Meinung anzuschließen**.
- sie **bitten, diese Meinung** in ihrem Umfeld **zu verbreiten**.
- an die Leser*innen **appellieren, ihr Verhalten zu ändern**.

Hinweis: Selbstverständlich ist es möglich, dass verschiedene Absichten miteinander kombiniert werden!

In der Regel hat die Autorin oder der Autor beim Schreiben eine bestimmte **Zielgruppe** im Sinn, an die sie oder er ihren bzw. seinen Text richtet. Wen will sie/er erreichen? Du kannst die Zielgruppe nach verschiedenen Kriterien bestimmen:

Nach ...
- der **Altersgruppe** (z. B. Kinder, Jugendliche, Erwachsene, Seniorinnen und Senioren)
- dem **Bildungsgrad** (z. B. Schüler*innen, Studierende, Akademiker*innen)
- dem **Geschlecht** (z. B. Frauen, Männer)
- der **Berufsgruppe** (z. B. Politiker*innen, Lehrer*innen)
- den **Interessen** (z. B. Naturliebhaber*innen, Tierfreundinnen und -freunde)

Denke immer daran, dass du all deine Vermutungen über die **Absicht** und die **Zielgruppe begründen** musst. Beziehe dich dafür auf deine bisherigen Analyseergebnisse und den Inhalt des Textes.

Die Absicht hinter einem Text schriftlich darstellen

Schritt für Schritt

Arbeitsschritt 1	Bestimme die **Absicht der Autorin oder des Autors** ganz **allgemein**. Äußere dich in dem Zusammenhang auch zur möglichen **Zielgruppe**.
Arbeitsschritt 2	Sage, woran du gemerkt hast, dass hinter dem Text diese Absicht steht. **Beziehe dich** dabei **auf mehrere(!) Textstellen**.
Arbeitsschritt 3	Runde deine Darstellung damit ab, dass du versuchst, eine **Erklärung** dafür zu finden, dass die Autorin oder der Autor diese Absicht hat.

Übung 33

1. Welche der möglichen Absichten von S. 74 unten betreffen ausschließlich das Denken (D) der Leser*innen und welche betreffen ihr Verhalten (V)? Kennzeichne sie in der Aufzählung auf S. 74 entsprechend.

2. Schreibe aus dem Übungstext (S. 43/44) einen Satz heraus, in dem die Absicht des Verfassers deutlich zu erkennen ist.

____

____

____

____

____

____

3. Verfasse einen zusammenhängenden Text, um die Absicht des Autors zu bestimmen. (→ Heft)

13 Die argumentative Schreibaufgabe

Der Abschnitt, den du hier schreiben sollst, knüpft inhaltlich an den Text, der dir vorliegt, an. Er führt aber auch über ihn hinaus, weil du zusätzliche Überlegungen anstellen musst. Die **argumentative Schreibaufgabe** verlangt von dir, dass du dich mit einer **Aussage aus dem Text** oder einer **Frage- bzw. Problemstellung**, die sich aus dem Text ergibt, sachlich auseinandersetzt und dazu **begründet Stellung nimmst**.

Begründet Stellung nehmen

Wenn du aufgefordert wirst, zu einer Frage zum Text **begründet Stellung zu nehmen**, musst du die Frage nur **von einer Seite aus** beleuchten (also z. B. nur Vorteile oder nur Nachteile anführen). Der Arbeitsauftrag lautet in der Regel:

Beispiel

Nimm dazu Stellung … oder z. B. auch *Lege dich auf einen Standpunkt fest und erörtere diesen …*

Bei einer Stellungnahme zeigst du von Anfang an, wie du über das Thema denkst, und begründest **deine Meinung** anschließend mit überzeugenden **Argumenten**. Überlege dir also, welche Position du einnehmen willst, und sammle mehrere Argumente, um deine Meinung zu begründen.

Deine Argumente sollten aus diesen Teilen bestehen:

- einer **Behauptung**,
- einer **Begründung** (einer Erklärung, die zeigt, dass deine Behauptung stimmt),
- einem oder mehreren **Beispielen** zur Veranschaulichung und
- einer **Abrundung**, bei der du abschließend einen Bezug zur Behauptung herstellst. Du kannst auch auf mögliche Folgen oder Auswirkungen verweisen.

Hinweis: Um zu belegen, dass deine Begründung stimmt, beziehst du dich entweder auf den **Text** oder auf dein **Wissen**. Verweise also auf eine passende Textstelle oder auf einen Sachverhalt, den du kennst.

Tipp

Wo findest du überzeugende Argumente?

Wenn sich die Aufgabenstellung auf eine **Aussage des Textes** bezieht, findest du zunächst im Text Anhaltspunkte für wichtige Argumente. Vielleicht gibt es auch eine Stelle, die du zwar prinzipiell für richtig hältst, die aber im Widerspruch zu einer anderen Aussage der Verfasserin oder des Verfassers steht. Das solltest du aufgreifen – etwa, indem du ein Gegenargument formulierst. Du solltest dich zusätzlich auch immer an deinem Wissen orientieren. Überlege, ob die Textaussagen deinen **Kenntnissen** oder **Erfahrungen** entsprechen oder nicht.

Du wirst meist dazu aufgefordert, **ausführlich** Stellung zu nehmen. Das heißt aber nicht, dass du möglichst viele Argumente anführen musst. Am besten wählst du zwei oder drei aussagekräftige Argumente aus und gestaltest sie überzeugend.
In der Prüfung wird dir die Anzahl der Wörter, die du ungefähr schreiben sollst, vorgegeben (ca. 250).

Schritt für Schritt

Eine begründete Stellungnahme verfassen

Arbeitsschritt **1** Durchdenke die **Aufgabenstellung**. Überlege, warum man zu der Aussage, die dort gemacht wird, unterschiedlicher Meinung sein kann.

Arbeitsschritt **2** Lege dich fest: **Entscheide**, welche Meinung du zu der Frage vertreten willst.

Arbeitsschritt **3** Stelle nun eigene **Argumente** zusammen, mit denen du deine Meinung bekräftigen kannst. Notiere alle Ideen, die dir dazu in den Sinn kommen. Du kannst dich dabei sowohl auf Informationen aus dem Text als auch auf eigene Kenntnisse oder Erfahrungen beziehen.

Arbeitsschritt **4** **Wähle** aus deiner Liste **Argumente aus**, die du für deine Argumentation besonders überzeugend findest (ca. zwei bis drei).

Arbeitsschritt **5** Lege die **Reihenfolge** fest. In der Regel nennst du dein stärkstes Argument am Schluss. Nummeriere die Argumente, die du ausgewählt hast, entsprechend.

Arbeitsschritt **6** **Schreibe** deinen Text. Strukturiere deine Darstellung so:

- Führe zunächst zur Fragestellung hin. Äußere gleich in der **Einleitung** die Meinung, die du dazu vertrittst.
- Arbeite nun im **Hauptteil** deine Argumente aus. Achte auf sinnvolle Verknüpfungen und Überleitungen.
- Am Schluss bekräftigst du noch einmal deine Meinung.

Drücke dich sachlich aus: Verwende keine Gefühlsausdrücke und vermeide umgangssprachliche Formulierungen.

Arbeitsschritt **7** **Überprüfe** abschließend, ob du in deiner Stellungnahme die vorgegebene Wortanzahl berücksichtigt hast.

Übung 34

1. Beziehe Stellung zur Frage, ob der Verfasser des Textes „Unheil im Anflug – für uns alle“ (S. 43/44) die Gefahren, die mit dem Insektensterben verbunden sind, übertrieben darstellt. Bearbeite dazu folgende Aufgaben.

   a) Wirkt die Darstellung des Verfassers übertrieben?
   Kreuze an, was diese Frage bedeutet.

   Ist der Sachverhalt, um den es geht, …

   - ☐ fehlerhaft dargestellt?
   - ☐ verharmlost worden?
   - ☐ zu ausführlich dargestellt?
   - ☐ dramatisiert worden?

   b) Nutze die Frage, die du als passend angekreuzt hast, um deine Meinung dazu zu formulieren. Schreibe einen vollständigen Satz.

   ____

   ____

   c) Überlege dir zwei Argumente, mit denen du deine Meinung begründen kannst. Trage die einzelnen Teile der Argumente jeweils in das Schema ein.

   Argument 1

   Behauptung: ______________________________

   ____

   ____

Begründung: ______

______

______

______

______

Beispiel: ______

______

______

Abrundung: ______

______

______

Argument 2

Behauptung: ______

______

______

Begründung: ______

______

______

______

______

______

______

Beispiel: ______

______

______

______

Abrundung: ______

______

______

______

d) Formuliere deinen Text aus (ca. 250 Wörter). (→ Heft)

2. In seinem Artikel fordert Sascha Karberg die Verbraucher*innen auf, beim Kauf von Nahrungsmitteln nicht immer nach den günstigsten Produkten zu greifen, um eine nachhaltigere Landwirtschaft zu ermöglichen.
   Nimm begründet Stellung zu dieser Forderung (ca. 250 Wörter). (→ Heft)

3. *Wenn wir unsere Umwelt schützen wollen, können wir nicht einfach so weiterleben wie bisher.*
   Nimm begründet Stellung zu dieser Aussage (ca. 250 Wörter). (→ Heft)

Formen der Stellungnahme

Stellungnahmen kommen in den verschiedensten Zusammenhängen und Schreibsituationen vor, z. B. als Leserbrief zu einem Zeitungsartikel oder als Bitt- oder Beschwerdeschreiben. Berücksichtige die folgenden Merkmale, wenn du aufgefordert wirst, eine solche Art der Stellungnahme zu verfassen:

Leserbrief	
Schreiber*in	eine Person, die in der Zeitung einen Artikel gelesen hat
Empfänger*in	die Leser*innen der Zeitung, die Autorin/der Autor/die Redaktion des Artikels
Schreibziel	die schreibende Person will ihre Meinung zu dem Text äußern
Aufbau	1. Titel des Zeitungsartikels, auf den sich der Leserbrief bezieht 2. Bezugnahme auf den Zeitungsartikel und dessen Thema 3. Äußern der eigenen Meinung zum Inhalt des Artikels (zustimmend, ablehnend/widersprechend, auch zweigeteilte Meinung möglich) 4. Begründung (mehrere Argumente) 5. Bekräftigung der eigenen Meinung 6. Vor- und Zuname, Wohnort *Hinweis:* Briefkopf (links oben Name und Anschrift der schreibenden Person, darunter Name und Anschrift der Empfängerin/des Empfängers, oben rechts Ort und Datum), Anredeformel, Bitte um Veröffentlichung, Grußformel und Unterschrift sind nicht Teil des Leserbriefs. Sie gehören in das Begleitschreiben, mit dem man den Leserbrief bei einer Redaktion einreicht.
Sprache	sachlich, Standardsprache, lebendig, veranschaulichend, gelegentlich auch zugespitzt und scharf kritisierend
Beschwerdebrief	
Schreiber*in	eine Person, die sich über Mängel oder Missstände beschwert
Empfänger*in	die Person(en), die für die Mängel oder Missstände verantwortlich ist (sind)
Schreibziel	die Empfängerin/der Empfänger soll etwas tun, um die Situation zu verbessern
Aufbau	1. im Briefkopf oben links Name und Anschrift der schreibenden Person, darunter Name und Anschrift der Empfängerin/des Empfängers, oben rechts Ort und Datum 2. darunter eine Betreffzeile mit dem Thema, um das es geht 3. Anredeformel 4. Beschreibung der Mängel oder Missstände 5. Äußern einer Erwartung an die Empfängerin/den Empfänger: Sie/er soll etwas tun, damit sich die Mängel oder Missstände bessern. 6. Begründung der Erwartungshaltung: Argumente, warum es sich nach Ansicht des Schreibers/der Schreiberin um einen Mangel/Missstand handelt 7. abschließender Gruß, Unterschrift, darunter Vor- und Zuname
Sprache	sachlich, klar und bestimmt

14 Die kreative Schreibaufgabe

Um die **kreative Schreibaufgabe** zu bearbeiten, muss es dir gelingen, auf der Grundlage des gegebenen Textes bzw. ausgehend von dessen Thematik schöpferisch tätig zu werden. Dabei musst du sowohl die Textinformationen berücksichtigen als auch eigene Ideen entwickeln, um das, was im Text steht, auf eine besondere Weise zu gestalten oder weiterzuentwickeln. Es gibt dabei verschiedene **Möglichkeiten:**

- Du sollst die **Perspektive einer bestimmten Person** einnehmen. Dann musst du dich aus ihrer Sicht mit dem Inhalt des Textes auseinandersetzen, indem du z. B. einen persönlichen Brief oder einen Tagebucheintrag verfasst.
- Du sollst den Text **umgestalten** oder **weiterführen**, indem du z. B. zum Thema des Textes eine Erzählung schreibst oder zu einem Gespräch, das im Text angedeutet wird, eine Fortsetzung schreibst.

Persönlicher Brief

Einer der häufigsten kreativen Schreibaufträge ist das Verfassen eines **persönlichen Briefes**. Um einen persönlichen Brief zu schreiben, musst du dich in die Rolle einer bestimmten Person hineinversetzen und aus ihrer Sicht einen Brief an jemanden schreiben, der ihr bekannt ist. In der Regel gibt es dafür einen **Anlass**, den du dem Text entnehmen musst; dieser bewegt die schreibende Person dazu, den Brief zu verfassen.

Tipp

Worauf musst du bei einem persönlichen Brief besonders achten?

Wichtig ist, dass du **Gefühle**, **Gedanken** und **Eindrücke** so schilderst, als ob du die betreffende Person wärst. Verwende daher die **Ich-Form**.

Schritt für Schritt

Einen persönlichen Brief schreiben

Arbeitsschritt 1	Bestimme **Schreiber*in** und **Empfänger*in** des Briefes.
Arbeitsschritt 2	Überlege, welcher **Anlass** die schreibende Person dazu bewegt, diesen Brief zu verfassen. Das kann z. B. eine Erkenntnis sein, die die schreibende Person beim Lesen des Textes gerade gehabt hat. Erwähne den Anlass kurz am Anfang deines Briefes.
Arbeitsschritt 3	Frage dich, welches **Anliegen** die schreibende Person mit ihrem Brief verfolgt. Überlege, was sie mit ihrem Brief erreichen will.
Arbeitsschritt 4	Stelle die **Inhalte** zusammen, die die schreibende Person erwähnen könnte, um ihr Ziel zu erreichen. Notiere sie auf deinem Konzeptblatt.
Arbeitsschritt 5	**Schreibe** deinen Brief. Wähle eine Sprache, die sowohl zur schreibenden Person als auch zur Empfängerin/zum Empfänger passt. Füge zwischendurch auch Ich-Botschaften ein *(Ich weiß, dass … Aber ich denke doch …)*.
Arbeitsschritt 6	**Überarbeite** und korrigiere deinen Text. Beachte dabei auch die Formalia eines Briefes (Ort und Datum, passende Anrede, geeigneter Schlussgruß, Unterschrift).

Übung 35

Schreibe einen persönlichen Brief an einen Freund oder eine Freundin (siehe Teilaufgabe 5, S. 44). Bearbeite dazu nachfolgende Aufgaben.

1. Trage zunächst deine Vorüberlegungen in die folgende Tabelle ein. Beschränke dich auf Stichworte.

	Ideen
Anlass für den Brief	
Empfänger*in	
Botschaft an den/die Empfänger*in	
Genauere Ausführungen zu dieser Botschaft	
Schlussbetrachtung/Fazit	

2. Verfasse deinen Brief. Orientiere dich dabei an deinen Vorüberlegungen. Gib der Empfängerin/dem Empfänger einen Namen deiner Wahl. (→ Heft)

3. Lies deinen Text noch einmal sorgfältig durch. Korrigiere Fehler und Ausdrucksschwächen. Übertrage den fertigen Text dann in die Reinschrift. (→ Heft)

Weitere Schreibformen und ihre Besonderheiten

Tagebucheintrag	
Schreiber*in	eine Person, die etwas erlebt hat, das sie bewegt
Empfänger*in	die Person selbst: der Tagebucheintrag ist nur für sie bestimmt
Schreibziel	die schreibende Person will das, was sie an diesem Tag erlebt hat, noch einmal durchdenken und verarbeiten
Aufbau	1. Datum des betreffenden Tages (evtl. Anrede) 2. kurze Bezugnahme auf das Erlebnis, das die Person bewegt 3. anschließend Darstellung von Überlegungen zu dem, was sie erlebt hat, insbesondere zu der Frage, wie sie auf das Erlebte reagieren soll; dabei Äußerung von Gedanken und Gefühlen 4. möglicherweise Fassen eines Entschlusses
Sprache	passend zur schreibenden Person, hin und wieder kann auch Umgangssprache verwendet werden, da der Text nur für sie bestimmt ist
Innerer Monolog	
Schreiber*in	eine Person, die über sich selbst nachdenkt (z. B. über ihre nächste Zukunft, über Vergangenes, gerade Erlebtes etc.)
Empfänger*in	die Person selbst
Schreibziel	Antworten auf Fragen finden, die sie beschäftigen
Aufbau	1. Nachdenken der schreibenden Person über ihre Situation 2. anschließend Darstellung verschiedener Überlegungen, z. B. zu den Gründen, die sie in diese Situation gebracht haben, zu den Folgen, die sich daraus ergeben haben, zu möglichen Handlungsalternativen usw.; die Darstellung wirkt ungeordnet, genauso, wie ihr die verschiedenen Gedanken durch den Kopf gehen 3. am Ende evtl. Fassen eines Entschlusses
Sprache	passend zur schreibenden Person und zu den Gedanken, die ihr durch den Kopf gehen; darunter auch Fragen und Ausrufe oder Sätze, die abrupt unterbrochen werden (z. B.: *Eigentlich wollte ich doch … Komisch, dass Jan sich noch nicht gemeldet hat.*); einige umgangssprachliche Formulierungen sind erlaubt
Dialog	
Schreiber*in	eine Person, die sich ein Gespräch zwischen zwei oder mehr Beteiligten ausdenkt; Grundlage ist der Text bzw. das vorgegebene Thema
Empfänger*in	die Leser*innen des Dialogs
Schreibziel	den Ablauf eines ausgedachten Gesprächs darstellen
Aufbau	1. Beginn des Gesprächs durch eine der Personen; sie regt die anderen Beteiligten an, sich zu einer Textaussage, zum Textinhalt oder zu einem sich daraus ergebenden Thema zu äußern 2. Austausch aller Beteiligten vor allem über strittige Punkte 3. Am Ende gelangen die Beteiligten zu einem Ergebnis: Man wird sich einig oder es lässt sich keine Einigkeit erzielen.
Sprache	entspricht dem mündlichen Sprachgebrauch; die Äußerungen der einzelnen Sprecher*innen werden untereinander aufgeschrieben; dabei wird jeweils der Name der Person vorangestellt; ab und zu können auch Regieanweisungen eingefügt werden *Beispiel: Rudi (entschlossen): Wir sollten weniger auf billige Preise achten.*

Erzählung	
Schreiber*in	eine Person, die zu einem Thema eine Geschichte erzählen will; sie muss sich nicht zu erkennen geben, sie wählt einen Erzähler (Ich-Erzähler, Er-/Sie-Erzähler, vgl. S. 92), aus dessen Perspektive erzählt wird
Empfänger*in	Menschen, die zu diesem Thema eine Geschichte lesen möchten
Schreibziel	die Leser*innen mit der Geschichte unterhalten
Aufbau	1. treffende Überschrift 2. Einstieg, mit dem die Leser*innen auf den Inhalt vorbereitet werden und das Interesse für das Folgende geweckt wird 3. Darstellung der einzelnen Handlungsschritte; ggf. Spannungsaufbau mit überraschendem Höhe-/oder Wendepunkt 4. Ausgang der Handlung (auflösendes Ende oder offener Schluss)
Sprache	interessant, lebendig und unterhaltsam; wichtig sind eine geschickte und treffende Wortwahl sowie ein abwechslungsreicher Satzbau; ab und zu sollten auch wörtliche Rede oder wörtliche Gedanken eingefügt sein; Zeitform überwiegend Präteritum
Schilderung	
Schreiber*in	eine Person, die eine Situation oder einen Vorgang anschaulich beschreibt; sie gibt sich als Beobachter*in klar zu erkennen (Ich-Form)
Empfänger*in	Menschen, denen ein anschaulicher Eindruck von dieser Szene/diesem Vorgang vermittelt werden soll (z. B. Verwandte, denen es ermöglicht werden soll, gedanklich an einem Geschehen teilzunehmen)
Schreibziel	der Leser/die Leserin soll von dem, was beschrieben wird, eine genaue Vorstellung bekommen
Aufbau	1. allgemeine Darstellung der Situation/des Vorgangs (Ort des Geschehens, Anlass, beteiligte Personen etc.) 2. genaue Schilderung von Einzelheiten: Beschrieben wird alles, was die schreibende Person mit den Sinnen wahrnimmt, auch Geräusche und Gerüche; dabei äußert sie auch Gedanken und Gefühle 3. eine Art Fazit; die schreibende Person hebt noch einmal hervor, welche Eindrücke sie besonders bewegen
Sprache	Darstellung im Präsens; die Sprache muss anschaulich wirken, deshalb werden treffende Verben und Adjektive verwendet, evtl. auch Sprachbilder (z. B. *dünn wie Papier*); ab und zu Ausrufe und Fragen zum Ausdruck von Gedanken und Gefühlen

Übung 36

1. Schreibe einen **Tagebucheintrag**. Mache dir darin Gedanken darüber, ob du bereit wärest, dein Einkaufsverhalten zu ändern, um damit langfristig einen Beitrag zum Schutz von Insekten zu leisten.

2. Schreibe einen **Dialog** zwischen dem Jungen Florian und seinen Eltern. Das Gespräch findet statt, nachdem Florian den Text über das Insektensterben gelesen hat („Unheil im Anflug – für uns alle“).

3. Schreibe eine **Erzählung**. Unternimm darin eine Zeitreise in die Zukunft. Stelle dir Folgendes vor:

   Es gibt kaum noch Insekten auf der Erde. Eines Tages findet ein Junge in der Nähe seines Elternhauses Wespen. Solche Tiere hat er noch nie gesehen …

15 Den Schluss schreiben

Am Ende deines Aufsatzes musst du einen **Schluss** schreiben, auch wenn die Aufgabenstellung das nicht ausdrücklich verlangt. (Es versteht sich von selbst!) Du hast mehrere Möglichkeiten, deinen Schluss zu gestalten:

Du kannst z. B. ...

- deine **eigene Meinung** zum Text darlegen,
- einen **Appell** an die Leser*innen richten,
- einen **Ausblick in die Zukunft** geben oder auch
- ein **Fazit** ziehen.

Manchmal bietet es sich auch an, mehrere Aspekte miteinander zu verknüpfen.

Besonders gut ist es, wenn du versuchst, im Schlussteil auf deinen gesamten Text Bezug zu nehmen. Du solltest nach Möglichkeit auch die Textabschnitte, die du zu den beiden Schreibaufgaben verfasst hast, miteinbeziehen.

Du kannst dir z. B. diese Fragen stellen:

- Was zeigt der Text?
- Wer sollte diesen Text unbedingt lesen?
- Ist das, was im Text steht, heute noch (oder wieder) aktuell?
- Welche Konsequenzen sollte jemand, der den Text gelesen hat, daraus ziehen?

Schritt für Schritt

Den Schluss schreiben

Arbeitsschritt 1	Überlege, wie du deinen **Text abschließen** möchtest. Nimm dir ein Konzeptblatt und trage zunächst ein Hauptstichwort ein (z. B. *Fazit*).
Arbeitsschritt 2	**Notiere alle Ideen**, die dir in den Sinn kommen. Stichworte genügen.
Arbeitsschritt 3	Sieh dir deine Ideensammlung genau an. Wähle **zwei bis drei** deiner **Eintragungen** aus, die dir am wichtigsten erscheinen.
Arbeitsschritt 4	Schreibe deinen Schluss. Versuche, deine abschließenden Gedanken so darzustellen, dass eine **Steigerung** darin zu erkennen ist: Beginne mit dem Selbstverständlichen und wende dich dann den Gedanken zu, die du für besonders wichtig hältst.

Übung 37

Formuliere verschiedene Schlussvarianten zu dem Text „Unheil im Anflug – für uns alle“ von Sascha Karberg (S. 43/44). (→ Heft)

1. Formuliere einen Schluss, in dem du die **entscheidenden Informationen** noch einmal zusammenfassend herausstellst.

2. Beschließe den Text damit, dass du noch einmal deine eigene **Meinung** zum Thema des Textes zum Ausdruck bringst.

3. Erläutere abschließend den Sinn der **Überschrift**.

4. Richte einen kurzen **Appell** an die Leser*innen. Fordere sie auf, einen Beitrag zum Erhalt der Insekten zu leisten, indem sie ihr Einkaufsverhalten ändern.

Erschließen eines literarischen Textes

Interaktive Aufgaben: Erschließen eines literarischen Textes

MindCards: Wichtiges wiederholen

Bei dieser Aufsatzart wird dir ein **literarischer Text** vorgelegt, zu dem du verschiedene Aufgaben bearbeiten musst. Du erhältst z. B. eine **Kurzgeschichte**, einen **Auszug aus einem Roman**, eine **Erzählung** oder auch einen **satirischen Text**. Anders als ein pragmatischer Text bezieht sich ein literarischer Text **nicht auf wirkliche Gegebenheiten**. Die Autorin oder der Autor hat sich die Figuren und die Handlung ausgedacht. Das dargestellte Geschehen ist deshalb **fiktiv**.
Ein literarischer Text ist besonders **kunstvoll gestaltet**. Du musst ihn also sorgfältig in Bezug auf die sprachlichen Mittel untersuchen. Manches bringt der Erzähler nur **indirekt** zum Ausdruck. Dadurch entstehen **Leerstellen**, die die Leser*innen mithilfe ihres Erfahrungswissens selbst füllen müssen.

In der Aufgabenstellung wird explizit genannt, welche Aspekte des Textes du im Hauptteil deines Aufsatzes untersuchen sollst. Dabei handelt es sich bei einem literarischen Text immer um die folgenden **fünf Aufgabenarten:**

- **Inhaltszusammenfassung** (ohne Textaufbau)
- Untersuchen und Reflektieren der **Sprache** und deren **Wirkung**
- Erschließen einer **weiteren Besonderheit des Textes**, z. B. Charakterisierung der Hauptfigur(en), Textsortenbestimmung
- **Begründete Stellungnahme** zu einer Textaussage oder zu einer Frage- bzw. Problemstellung, die der Text aufwirft
- Offene, **kreative Schreibaufgabe**, z. B. Textfortsetzung, innerer Monolog

Eingerahmt wird der Hauptteil durch **Einleitung** und **Schluss**. Das Erstellen einer Gliederung wird nicht von dir verlangt.

So könnte die **Aufgabenstellung** zu einem literarischen Text aussehen:

Beispiel

Wolfgang Borchert: Vielleicht hat sie ein rosa Hemd

Die beiden saßen auf dem Brückengeländer. Ihre Hosen waren dünn und das Brückengeländer war eisig. Aber da gewöhnte man sich dran. Auch dass es so drückte. Sie saßen da.

Es regnete, es regnete nicht, es regnete. Sie saßen und hielten Parade ab[1].

Und weil sie einen Krieg lang nur Männer gesehen hatten, sahen sie jetzt nur Mädchen. Eine ging vorbei.

Hat einen ganz schönen Balkon. Kann man auf Kaffee trinken, sagte Timm.

Und wenn sie zu lange in der Sonne rumläuft, wird die Milch sauer, grinste der andere.

Dann kam noch eine.

Steinzeit, registrierte der neben Timm. Alles voll Spinngewebe, sagte der.

Dann kamen Männer. Die kamen ohne Kommentar davon.

Schlosserlehrlinge, Büroangestellte mit weißer Haut, Volksschullehrer mit genialen Gesichtern und schäbigen Hosen, dicke Männer mit dicken Beinen, Asthmatiker und Straßenbahner mit Feldwebelschritt.

Und dann kam sie. Sie war ganz anders. Man hatte das Gefühl, sie müsse nach Pfirsich riechen. Oder nach ganz sauberer Haut. Sicher hatte sie auch einen ganz besonderen Namen: Evelyne – oder so. Dann war sie vorbei. Die beiden sahen hinterher.

1 *hielten Parade ab: zuschauen, wie Menschen geordnet vorbeimarschieren (z. B. Soldaten)*

Vielleicht hat sie ein rosa Hemd, meinte Timm dann. Warum, sagte der andere.
Doch, antwortete Timm, die so sind, die haben meistens ein rosa Hemd.
Blöde, sagte der andere, sie kann ebenso gut ein blaues haben.
Kann sie eben nicht, du, kann sie eben nicht. Solche die haben rosane. Das weiß ich ganz genau, mein Lieber. Timm wurde ganz laut, als er das sagte.
Da sagte der neben ihm: Du kennst wohl eine?
Timm sagte nichts. Sie saßen da und das Brückengeländer war eisig durch die dünnen Hosen.
Da sagte Timm: Nein, ich nicht. Aber ich kannte mal einen, der hatte ein rosa Hemd. Beim Kommiss[2]. In Russland. In seiner Brieftasche hatte er immer so'n Stück rosa Zeug. Aber das ließ er nie sehen. Aber einen Tag fiel es auf die Erde. Da haben es alle gesehen. Aber gesagt hat er nichts.
Nur angelaufen ist er. Wie das Stück Zeug. Ganz rosa. Abends hat er mir dann erzählt, das hätte er von seiner Braut. Als Talisman, weißt du. Sie hat nämlich lauter rosa Hemden, hat er gesagt. Und davon ist es.
Timm hörte auf. Na und? fragte der andere.
Da sagte Timm ganz leise: Ich hab es ihm weggenommen. Und dann hab ich es hochgehalten. Und wir haben alle gelacht.
Mindestens eine halbe Stunde haben wir gelacht. Und was die für Dinger gesagt haben, kannst du dir denken.
Und da? fragte der neben Timm.
Timm sah auf seine Knie. Er hat es weggeworfen, sagte er. Und dann sah Timm den andern an: Ja, sagte er, er hat es weggeworfen, und dann hat es ihn erwischt. Am nächsten Tag hat es ihn schon erwischt.
Sie sagten beide nichts. Saßen da so und sagten nichts.
Aber dann sagte der andere: Blödsinn. Und er sagte es noch einmal.
Blödsinn, sagte er.
Ja, ich weiß, sagte Timm. Natürlich ist es Blödsinn. Das ist ja ganz klar. Das weiß ich auch. Und dann sagte er noch: Aber komisch ist es, weißt du, komisch ist es doch.
Und Timm lachte. Sie lachten alle beide. Und Timm machte eine Faust in der Hosentasche. Dabei zerdrückte er etwas. Ein kleines Stück rosa Stoff. Viel rosa war da nicht mehr dran, denn er hatte es schon lange in der Tasche. Aber es war noch rosa. Er hatte es aus Russland mitgebracht.

Quelle: Wolfgang Borchert: Vielleicht hat sie ein rosa Hemd. In: Ders.: Das Gesamtwerk. Rowohlt Verlag, Reinbek 1991, S. 204–205. (Erstmals erschienen 1947 in: Wolfgang Borchert: „An diesem Dienstag. Neunzehn Geschichten.")

2 *Komiss: Militärdienst, Wehrdienst*

Lies den Text „Vielleicht hat sie ein rosa Hemd" von Wolfgang Borchert sorgfältig durch und bearbeite dann die Aufgaben.

1. Fasse den **Inhalt des Textes** in eigenen Worten knapp zusammen.
2. Beschreibe besonders auffällige **sprachliche Mittel** des Textes und erläutere deren Wirkung.
3. **Charakterisiere** Timm. Zeige dabei auch auf, inwiefern er sich von seinem Freund unterscheidet.
4. **Nimm begründet Stellung** zu der Frage, ob die Kurzgeschichte für heutige Leser*innen noch von Interesse sein kann.
5. Schreibe aus Timms Sicht einen **inneren Monolog**, wie er ihn nach dem Gespräch mit seinem Begleiter mit sich selbst führen könnte.

Hinweis: Die Aufgaben sind Teil des Beispiels. Du musst sie hier nicht bearbeiten.

16 Die Einleitung schreiben

Auch für die Erschließung eines literarischen Textes gilt, dass du zunächst eine **Einleitung** schreiben musst, ehe du die einzelnen Teilaufgaben bearbeitest. Mit der Einleitung bereitest du die Leser*innen auf den Text vor, mit dem du dich anschließend auseinandersetzen wirst:

- Als Erstes schreibst du den **Basissatz**, in dem du die grundlegenden **Informationen** nennst (Textsorte, Überschrift, Name der Verfasserin/des Verfassers, Quelle mit Erscheinungsdatum, Thema).

  Hinweis: Du kannst diese Informationen auch auf mehrere Sätze verteilen, wenn dir das Formulieren so leichterfällt (vgl. S. 45).
- Damit deine Einleitung aussagekräftig genug ist, solltest du das **Thema** noch weiter **präzisieren**.

Tipp

Wie kannst du bei einem literarischen Text das Thema bestimmen?

Überlege, in welcher **Situation** sich die Hauptfigur befindet und **was sie bewegt**. Du kannst dir dazu diese Fragen stellen:

- Hat die Hauptfigur ein Problem?
- Wenn ja, welches – und warum?
- Macht sie sich über etwas Bestimmtes Gedanken?
- Wie ist das zu erklären?

Formuliere das Thema zunächst allgemein, indem du z. B. sagst, was die Hauptfigur tut, und erläutere dann genauer, was sie bewegt.

1. Formuliere eine Einleitung für die Erschließung der Kurzgeschichte „Vielleicht hat sie ein rosa Hemd“ (S. 85/86) von Wolfgang Borchert. Übung 38

2. Lies deine Einleitung noch einmal sorgfältig durch und korrigiere evtl. Fehler oder Ausdrucksschwächen.

3. Übertrage deine fertige Einleitung in die Reinschrift. (→ Heft)

17 Den Inhalt zusammenfassen

Anders als in einem pragmatischen Text geht es in einem literarischen Text nicht um ein bestimmtes (Sach-)Thema, sondern meist um eine **Handlung**. Diese musst du in deiner Inhaltszusammenfassung kurz und knapp (ohne Textaufbau) darstellen. Nenne ganz **sachlich** nur die Handlungsschritte, die im Text erwähnt werden. Äußere keine Deutungen oder Urteile.

Den **Einstieg** in deine Inhaltszusammenfassung hast du bereits in deiner **Einleitung** vorgenommen. Dort hast du dich aber darauf beschränkt, lediglich die Basisinformationen zu nennen und das Thema zu präzisieren. Die eigentliche Zusammenfassung gehört an den **Beginn des Hauptteils**. Dort gehst du **genauer** auf das Geschehen ein: Schreibe auf, was die Hauptfigur **im Einzelnen tut**, wie sie sich **verhält**, wie sie auf andere **reagiert**, mit denen sie Kontakt hat, usw. Am besten **beschließt** du deine Inhaltszusammenfassung mit einer Aussage über den **Ausgang des Geschehens**.

Tipp

An wen richtet sich eine Inhaltszusammenfassung?

Stelle dir **Leser*innen** vor, die den **Originaltext nicht kennen** und denen nur deine Zusammenfassung als Informationsquelle zur Verfügung steht. Diese Vorstellung hilft dir dabei,

- einen knappen, sachlichen Text im **Berichtstil** zu schreiben,
- an alle **wesentlichen Handlungsschritte** zu denken,
- den Inhalt **verständlich** und ohne Gedankensprünge wiederzugeben.

Beachte diese Regeln bei der Zusammenfassung eines literarischen Textes:

- **Regel 1:** Gib den Textinhalt **mit eigenen Worten** wieder. Formulierungen, die wörtlich im Text stehen, solltest du möglichst nicht verwenden.

  Beispiel: Schreibe nicht: *Sie […] halten Parade ab* („Vielleicht hat sie ein rosa Hemd", vgl. Z. 4). Besser ist es so: *Sie unterhalten sich über die vorbeigehenden Mädchen.*

- **Regel 2:** Stelle den Ablauf der Handlung **in Grundzügen** dar. Verliere dich nicht in Einzelheiten.

  Beispiel: *Sie unterhalten sich über … Dabei vertreten sie unterschiedliche Meinungen …*

- **Regel 3:** Schreibe **sachlich**. Vermeide Formulierungen, die deinen Text lebendig oder spannend erscheinen lassen.

  Beispiel: Schreibe nicht: *Plötzlich kommt ein hübsches Mädchen vorbei.* Besser ist es so: *Als ein hübsches Mädchen vorbeikommt, …*

- **Regel 4:** Fasse längere Handlungsabschnitte **knapp** zusammen. Bringe das, was im Text evtl. mit mehreren Sätzen dargestellt wird, „auf den Punkt"!

  Beispiel: Schreibe nicht: *Mitunter regnet es, zwischendurch hört es wieder auf zu regnen, und dann regnet es erneut.* Besser ist es so: *Das Wetter ist wechselhaft.*

- **Regel 5:** Verwende als Basis-Tempus das **Präsens** (bei Vorzeitigkeit das **Perfekt**).
  Die beiden haben lange keine Frauen gesehen. (Perfekt bei Vorzeitigkeit) *Über diejenigen, die an ihnen vorbeigehen, machen sie spöttische Bemerkungen.* (Präsens als Basis-Tempus)

Beispiel

- **Regel 6: Vermeide wörtliche Rede.** Falls du es für notwendig hältst, den Inhalt dessen, was eine Figur sagt, wiederzugeben, verwendest du die **indirekte Rede**. Achte dabei auf die korrekte Verwendung des Konjunktivs (vgl. S. 114).
  Schreibe nicht: *Timm meint: Vielleicht hat sie ein rosa Hemd.* – Richtig ist es so: *Timm äußert die Vermutung, dass sie ein rosa Hemd tragen könnte.*

Beispiel

- **Regel 7: Verknüpfe deine Sätze** miteinander. Verwende möglichst oft **Adverbien** oder **Konjunktionen**, um den Zusammenhang zwischen aufeinanderfolgenden Sätzen zu verdeutlichen.
  Schreibe nicht: *Timm meint, sie trage vielleicht ein rosa Hemd. Sein Freund hält diese Vermutung für unsinnig.* Besser ist es so: *Während Timm meint, sie trage vielleicht ein rosa Hemd, hält sein Freund diese Vermutung für unsinnig.*

Beispiel

Schritt für Schritt

Schreiben einer Inhaltszusammenfassung (ohne Textaufbau)

Arbeitsschritt 1 **Lies den Text** (mehrmals) aufmerksam durch. **Notiere** dir dabei auf einem Konzeptblatt die einzelnen **Handlungsschritte**. Schreibe sie untereinander auf.

Arbeitsschritt 2 **Gruppiere die Handlungsschritte**, die du notiert hast. Am besten kennzeichnest du das, was inhaltlich zusammengehört, mit der gleichen Nummer oder dem gleichen Buchstaben.

Arbeitsschritt 3 **Schreibe deine Zusammenfassung.** Stelle darin die Handlungsschritte, die inhaltlich zusammengehören, nacheinander dar.

Arbeitsschritt 4 **Runde** deine Inhaltszusammenfassung am Schluss **mit einem oder zwei Sätzen ab**, z. B. so:
- *Die Geschichte zeigt, wie ...*
- *Es wird deutlich, dass ...*
- *Das ist darauf zurückzuführen, dass ...*

1. Notiere die einzelnen Handlungsschritte der Kurzgeschichte „Vielleicht hat sie ein rosa Hemd“ von Wolfgang Borchert (S. 85/86). Gruppiere die Handlungsschritte anschließend, indem du sie mit der gleichen Nummer kennzeichnest. Ein Beispiel ist bereits vorgegeben.

Übung 39

	Handlungsschritte
1	Kriegsheimkehrer sitzen auf Brückengeländer, beobachten Passanten
1	Hauptinteresse richtet sich auf vorbeigehende Frauen

2. a) Schreibe eine Zusammenfassung zu Borcherts Kurzgeschichte. (→ Heft)

   b) Lies deine Zusammenfassung noch einmal sorgfältig durch. Wenn du dabei Fehler oder Ausdrucksschwächen entdeckst, korrigierst du sie.

   c) Übertrage deine Inhaltszusammenfassung in die Reinschrift. (→ Heft)

18 Die sprachliche Gestaltung untersuchen

Digitales Glossar: Begriffe nachschlagen

Die Untersuchung der sprachlichen Gestaltung eines literarischen Textes kann sich – genau wie bei der Aufgabenstellung zu pragmatischen Texten – auf den ganzen Text, auf einen bestimmten Textabschnitt oder eine bestimmte Anzahl sprachlicher Auffälligkeiten beziehen. Auch die Auseinandersetzung mit einer vorgegebenen These kann verlangt werden (z. B. Der Text ist auffallend emotional geschrieben. Belege diese Behauptung mit passenden Textstellen.).

Wie bei der Analyse eines pragmatischen Textes geht es dabei zunächst um diese drei Aspekte: **Wortwahl**, **sprachliche Mittel**, **Satzbau**.
Eine ausführliche Darstellung dieser Aspekte findest du auf den Seiten 52 bis 65. Dort kannst du nachlesen, worauf du achten musst.

Bei der Analyse eines literarischen **Prosatextes** kommt aber noch Folgendes hinzu: die **Erzählperspektive** und die **Wiedergabe von Rede und Gedanken**.

Tipp

Musst du bei der Sprachanalyse eines literarischen Textes auf alle Aspekte eingehen?

Nein, das ist nicht nötig. Beschränke dich wie beim pragmatischen Text auf die **Besonderheiten in der Sprache**. Folgende Aspekte kannst du untersuchen: Wortwahl, sprachliche Mittel, Satzbau, Erzählperspektive, Wiedergabe von Rede und Gedanken.
Welche du auswählst, hängt vom jeweiligen Text ab. Auch die **Reihenfolge**, in der du sie analysierst, **bleibt dir überlassen**.

Übung 40

1. Analysiere die Kurzgeschichte „Vielleicht hat sie ein rosa Hemd“ von Wolfgang Borchert (S. 85/86) in Bezug auf die Wortwahl, sprachliche Mittel und den Satzbau. Beziehe dich auf Textstellen. Stelle anschließend Überlegungen zur Wirkung der einzelnen Sprachelemente an.

   Hinweis: Nimm ein separates Blatt hinzu, wenn der Platz hier nicht ausreicht.

   - Wortwahl:

     Wirkung:

   - Sprachliche Mittel:

     Wirkung:

   - Satzbau:

     Wirkung:

2. Wähle vier bis fünf Sprachelemente aus, die den Text in besonderer Weise prägen. Unterstreiche sie in deinen Ergebnissen von Aufgabe 1.

18.1 Erzählperspektive

Bei literarischen Texten solltest du auch etwas zur **Perspektive** sagen, aus der ein Geschehen dargestellt ist. Es gibt für den Erzähler zwei mögliche Sichtweisen:

- Der **Ich-Erzähler** erzählt das, was geschieht, aus der Sicht der Hauptfigur.

  Beispiel

  In der lethargischen Stunde zwischen zwei und drei lag ich auf dem Sofa im Wohnzimmer, die Hände unterm Kopf verschränkt …

  Quelle: Peter Weiss: Abschied von den Eltern. © Suhrkamp Verlag, Frankfurt a. M. 1961, S. 65–69.

- Der **Er-/Sie-Erzähler** beschreibt das, was geschieht, aus einer **Außensicht**.

  Beispiel

  Sie sitzt im Straßencafé. Sie schlägt sofort die Beine übereinander. Sie hat wenig Zeit.

  Quelle: Wolf Wondratschek: Mittagspause. In: Ders.: Früher begann der Tag mit einer Schusswunde. Carl Hanser Verlag, München 1969.

Den Er-/Sie-Erzähler musst du noch genauer bestimmen:

- Ein **auktorialer Erzähler** (von lateinisch *auctor*: der Autor) stellt ein Geschehen wie ein unbeteiligter Beobachter dar und kommentiert es gelegentlich sogar. Er erzählt, was er sieht, weiß und hört. Er ist oft allwissend (auch: „allwissender Erzähler") und kennt in der Regel auch Gedanken und Gefühle der Figuren. Ein Beispiel für einen auktorialen Erzähler findest du in der Textstelle oben: … *Sie hat wenig Zeit.*
- Ein **personaler Erzähler** scheint das Geschehen mit den Augen einer Person wahrzunehmen (deshalb die Bezeichnung „personaler Erzähler"). Trotzdem stellt er alles in der 3. Person Singular dar (*sie* oder *er*).

  Beispiel

  Infolge der Holztür war die Veränderung in Gregors Stimme draußen wohl nicht zu merken, denn die Mutter beruhigte sich mit dieser Erklärung und schlürfte davon.

  Quelle: Franz Kafka: Die Verwandlung. In: Ders.: Die Erzählungen und andere ausgewählte Prosa. Fischer Taschenbuch Verlag, Frankfurt am Main 1996, S. 99.

  Dass dieser Erzähler alles aus der Perspektive seines Protagonisten sieht und empfindet, wird hier besonders deutlich: Er befindet sich mit ihm im selben Zimmer, während sich die anderen Personen außerhalb des Zimmers bewegen.

Auf einen Blick

Übersicht über die verschiedenen Erzählperspektiven

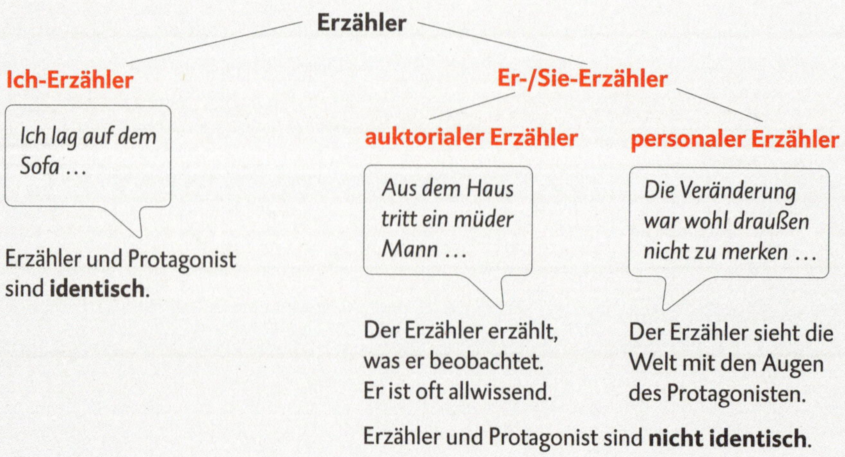

Tipp

Ist immer der ganze Text aus einer bestimmten Erzählperspektive dargestellt?

Nein, davon solltest du nicht ausgehen. **Die Erzählperspektive kann innerhalb eines Textes wechseln.** Zu einem Wechsel kommt es häufig vom auktorialen zum personalen Erzähler und umgekehrt. Und selbst ein Ich-Erzähler kann zwischendrin eine andere Perspektive einnehmen, etwa dann, wenn er wie ein auktorialer Erzähler bestimmte Dinge ganz sachlich beschreibt. Es empfiehlt sich also, den Text bezüglich der Erzählperspektive immer ganz genau zu untersuchen.

Beachte auch: Die Autorin/Der Autor und der Erzähler sind **nicht** identisch. Die Autorin/Der Autor hat sich eine Person ausgedacht, die die Geschichte erzählt.

Übung 41

1. Bestimme die Erzählperspektive von Borcherts Kurzgeschichte „Vielleicht hat sie ein rosa Hemd“ (S. 85/86).

   Das Geschehen wird überwiegend dargestellt von einem …

   - ☐ Ich-Erzähler.
   - ☐ personalen Erzähler.
   - ☐ auktorialen Erzähler.

2. Begründe deine Entscheidung. Beziehe dich auf Textstellen.

3. Äußere dich zur Wirkung der Erzählperspektive.

18.2 Rede und Gedanken

Der Erzähler hat verschiedene Möglichkeiten, das, was eine Figur sagt oder denkt, darzustellen: die direkte Rede, die indirekte Rede, den inneren Monolog und die erlebte Rede.

- **Direkte Rede:** In diesem Fall wird **Wort für Wort** wiedergegeben, was jemand sagt oder denkt. Das ist z. B. in folgendem Textausschnitt der Fall:

Beispiel

„Deine Großmutter möchte nicht, dass du mit uns sprichst", sagte die Frau. „Dafür haben wir großes Verständnis. Wenn du das auch nicht möchtest, gehen wir, und es geschieht sonst nichts."

Quelle: Michael Köhlmeier: Die Abenteuer des Joel Spazierer. Deutscher Taschenbuch Verlag, München 2014, S. 39.

- **Indirekte Rede:** Es wird nur **sinngemäß** wiedergegeben, was jemand sagt oder denkt. Dies kann in einem Text so formuliert sein:

Beispiel

In der Garage fragte mich Leif, ob ich es irgendwie anstellen könnte, dass er in seiner Klasse nicht mehr „der Gelbe" genannt werde. Er fürchte, dass der Name auf die ganze Schule übergreife und schließlich nicht mehr zu stoppen sei und ihm womöglich lebenslang anhänge.

Quelle: Michael Köhlmeier: Die Abenteuer des Joel Spazierer. Deutscher Taschenbuch Verlag, München 2014, S. 212.

- **Innerer Monolog:** Die Gedanken einer Ich-Figur werden so dargestellt, wie sie ihr in den Sinn kommen, also völlig **ungeordnet** und **sprunghaft**.

Beispiel

Also, ich soll Herrn Dorsday anpumpen … Irrsinnig. Wie stellt sich Mama das vor? Warum hat sich Papa nicht einfach auf die Bahn gesetzt und ist hergefahren? – Wär grad' so geschwind gegangen wie der Expressbrief. Aber vielleicht hätten sie ihn auf dem Bahnhof wegen Fluchtverdacht – Furchtbar, furchtbar! Auch mit den dreißigtausend wird uns ja nicht geholfen sein. Immer diese Geschichten! …

Quelle: Arthur Schnitzler: Fräulein Else. In: Ders.: Fräulein Else und andere Erzählungen. Fischer Verlag, Frankfurt a. M. 1998, S. 57.

- **Erlebte Rede:** Dabei werden die Gedanken einer Figur aus der **Er-/Sie-Perspektive** zum Ausdruck gebracht, und zwar im **Präteritum**. Diese Darstellung passt zu einem personalen Erzähler, denn dieser kennt die Gedanken und Gefühle der Hauptfigur.

Beispiel

Warum saß er nicht in seiner Stube am Fenster und las in Storms „Immensee" und blickte hie und da in den abendlichen Garten hinaus, wo der alte Walnussbaum schwerfällig knarrte? Das wäre sein Platz gewesen. Mochten die anderen tanzen und frisch und geschickt bei der Sache sein! … Nein, nein, sein Platz war dennoch hier, wo er sich in Inges Nähe wusste, wenn er auch nur einsam von ferne stand und versuchte, in dem Summen, Klirren und Lachen dort drinnen ihre Stimme zu unterscheiden …

Quelle: Thomas Mann: Tonio Kröger. In: Ders.: Sämtliche Erzählungen. Fischer Verlag, Frankfurt a. M. 1963, S. 225.

Das **Verhältnis von Erzählerbericht und Redewiedergabe** spielt bei der sprachlichen Gestaltung auch eine Rolle. Du solltest darauf achten, was überwiegt: die Beschreibung durch den Erzähler – oder die Redewiedergabe? Wenn die Redewiedergabe überwiegt, zieht sich der Erzähler eher zurück. Indem er seine Figuren sprechen lässt, gewährt er ihnen sozusagen den Vortritt. Macht sein Bericht den Hauptredeanteil aus, steht seine Darstellung im Vordergrund.

Tipp

Welche Wirkung haben die verschiedenen Möglichkeiten der Redewiedergabe?

Von der Art der Redewiedergabe hängt es ab, wie sehr sich die Leser*innen in eine Figur hineinversetzen können. Dabei geht es vor allem um die Wirkung von **Distanz** und **Nähe**.

- Am **entferntesten** ist der Erzähler von einer Figur, wenn er Gesprochenes oder Gedachtes in der **indirekten Rede** wiedergibt.
- Am **nächsten** ist er ihr, wenn er ihre Gedanken als **inneren Monolog** darstellt.

Übung 42

1. Unterstreiche in der Kurzgeschichte „Vielleicht hat sie ein rosa Hemd" (S. 85/86) alle Textstellen, in denen die Worte einer Person in Form von direkter Rede wiedergegeben sind.

2. Bestimme das Verhältnis von Erzählerbericht und Redewiedergabe.

   Vor allem im Mittelteil der Kurzgeschichte überwiegt …

   ☐ der Erzählerbericht.

   ☐ die Redewiedergabe.

3. Erkläre, inwiefern Borchert bei Textstellen mit direkter Rede von der üblichen Zeichensetzung abgewichen ist.

4. Äußere dich zur Wirkung dieser eigenwilligen Zeichensetzung.

Schritt für Schritt

Die sprachliche Gestaltung eines literarischen Textes untersuchen

Arbeitsschritt 1 Lies den Text gründlich durch. Unterstreiche alle Textstellen, deren Formulierungen dir auffällig erscheinen. Achte zunächst auf die **Wortwahl**, die **sprachlichen Mittel** und den **Satzbau**.

Arbeitsschritt 2 Wähle die **Merkmale** aus, die den Text in besonderer Weise prägen. Notiere sie auf einem Konzeptblatt.

Arbeitsschritt 3 Bestimme nun die **Erzählperspektive**. Notiere sie auf deinem Konzeptblatt.
Hinweis: Achte auch darauf, ob die Erzählperspektive durchgängig eingehalten wird oder wechselt.

Arbeitsschritt 4 Untersuche anschließend die Art der **Redewiedergabe**. Bedenke auch, welchen Anteil die Redewiedergabe im Verhältnis zum Erzählerbericht hat. Frage dich: Was überwiegt? Ergänze Notizen zur Redewiedergabe auf deinem Konzeptblatt.

Arbeitsschritt 5 Stelle nun Überlegungen zur **Wirkung** der sprachlichen Gestaltung an und notiere sie wieder auf deinem Konzeptblatt (neben den jeweiligen Stichworten).

Arbeitsschritt 6 **Beschreibe die sprachliche Gestaltung** in einem zusammenhängenden Text. Gehe dabei so vor:

- Lege die **Reihenfolge der sprachlichen Mittel** fest, auf die du eingehen willst. Nummeriere deine Stichworte entsprechend.
- Bestimme die **Erzählperspektive** und belege sie am Text. Äußere dich danach allgemein zu dem Eindruck, den die Darstellung durch den Erzähler auf die Leser*innen macht.
- Äußere dich dann zu **Auffälligkeiten der Redewiedergabe**, sofern diese für den Charakter des Textes bedeutsam sind, und beschreibe deren Wirkung. Belege deine Aussagen am Text.
- Gehe anschließend auf die einzelnen **Gestaltungsmerkmale** ein, die du ausgewählt hast. Beziehe dich dabei auf Textstellen.
- Runde diesen Abschnitt mit einem **Ergebnis** ab. Stelle einen Zusammenhang zwischen dem Inhalt und der Sprache des Textes her:
  Die sprachliche Gestaltung passt/passt nicht zum Inhalt des Textes, weil … Die Darstellung zeigt, dass …

Hinweis: Denke daran, dass es nicht genügt, die sprachlichen Besonderheiten nur zu nennen. Du solltest dich immer auch auf **Textstellen** beziehen. Außerdem musst du dich jeweils zur **Wirkung** äußern.

Übung 43

1. Beschreibe die sprachliche Gestaltung der Kurzgeschichte „Vielleicht hat sie ein rosa Hemd" von Wolfgang Borchert (S. 85/86) in einem zusammenhängenden Text. Orientiere dich an der Schritt-für-Schritt-Anleitung. (→ Heft)

2. Lies deinen Text noch einmal sorgfältig durch. Korrigiere dabei Fehler und sprachliche Ausdrucksschwächen.

3. Übertrage den Abschnitt in die Reinschrift. (→ Heft)

19 Eine weitere Besonderheit des Textes erschließen

Die dritte Teilaufgabe bezieht sich auf eine **weitere Besonderheit** des vorliegenden literarischen Textes. Dabei handelt es sich zum Beispiel um …

- die **Charakterisierung** einer literarischen Figur,
- eine begründete Zuordnung des Textes zu einer **Textsorte** oder
- Aussagen zum **Zusammenhang** zwischen **Text, Entstehungszeit** und **Biografie der Autorin/des Autors**.

Darüber hinaus kann sich die Aufgabenstellung auch auf eine individuelle Besonderheit des Textes beziehen oder verschiedene Aspekte miteinander verbinden.

19.1 Charakterisierung einer literarischen Figur

Wenn du dazu aufgefordert wirst, eine literarische Figur aus dem Text zu **charakterisieren**, musst du nicht nur die wichtigsten Eckdaten zur Figur (z. B. Name, Alter, Geschlecht, Aussehen) nennen, sondern vor allem beschreiben, welche Besonderheiten ihre Persönlichkeit auszeichnen.
Das ist nicht ganz einfach. In einem literarischen Text gibt der Erzähler nämlich häufig nur Auskunft über das **Verhalten** seiner Figuren. Ihre **Beweggründe** nennt er meist nicht. Er sagt z. B. nicht, dass sie schüchtern, hilfsbereit oder aggressiv sind, sondern beschreibt lediglich ihr Handeln – und daraus musst du die passenden Persönlichkeitsmerkmale ableiten.

Tipp

Wie lassen sich Charaktereigenschaften aus dem Verhalten einer Figur ableiten?

Stelle dir bei jedem Verhalten, das die Figur zeigt, die Frage: *Warum tut sie das?* Welche Antwort darauf jeweils passt, musst du stets am Text überprüfen. Stelle einen **Zusammenhang** her zwischen dem **Verhalten der Figur** und der **Situation**, in der sie sich befindet.

Schritt für Schritt

Eine literarische Figur charakterisieren

Arbeitsschritt 1	**Unterstreiche** alle Textstellen, die etwas über die Figur aussagen, und **kommentiere** sie am Rand. Notiere, was sich aus den einzelnen Textstellen über ihren Charakter ableiten lässt.
Arbeitsschritt 2	Lege zuerst eine Art **Steckbrief** mit den wichtigsten Eckdaten zur Figur an.
Arbeitsschritt 3	Nimm ein Konzeptblatt und notiere dir die einzelnen **Persönlichkeitsmerkmale**.
Arbeitsschritt 4	Lege die **Reihenfolge** fest. Es genügt, wenn du deine Stichworte auf dem Konzeptblatt entsprechend nummerierst.
Arbeitsschritt 5	Stelle die **Persönlichkeit der Figur** ausführlich dar. Orientiere dich dabei an den Eigenschaften, die du auf deinem Konzeptblatt eingetragen hast. **Belege** deine Aussagen anhand von Textstellen. **Hinweis:** Nenne zuerst die wichtigsten Eckdaten zur Figur und beschreibe anschließend die **Situation**, in der sie sich befindet. Erst danach folgen die Persönlichkeitsmerkmale.
Arbeitsschritt 6	**Runde** deine Charakterisierung **ab**. Du kannst die Figur z. B. bewerten oder versuchen, eine Erklärung für bestimmte Verhaltensweisen der Figur zu finden.

Hinweis: Wenn du dich auf den Text beziehst, um das Verhalten der Figur zu beschreiben, kannst du den Inhalt der entsprechenden Textstelle **mit eigenen Worten** wiedergeben. Oder du **zitierst** eine passende Textstelle wortwörtlich. In jedem Fall musst du anschließend in Klammern die **Zeilennummern angeben** (vgl. dazu den Abschnitt zum richtigen Zitieren, ab S. 112).

Übung 44

1. Leite aus den folgenden Verhaltensweisen die passenden Eigenschaften von Timm aus der Kurzgeschichte „Vielleicht hat sie ein rosa Hemd" (S. 85/86) ab. Ein Beispiel ist vorgegeben.

Verhaltensweisen	Eigenschaften
Timm macht sich zusammen mit seinem Freund über vorbeigehende Frauen lustig (vgl. Z. 7–10).	will seinen Spaß haben, will „cool" sein
Beim Anblick eines hübschen Mädchens fängt er an, Vermutungen zur Farbe ihres Unterhemds anzustellen (vgl. Z. 18).	
Obwohl sein Freund seine Vorstellungen für unsinnig hält, beharrt er darauf (vgl. Z. 19–22).	
Er erzählt seinem Freund alle Einzelheiten von einem Kriegserlebnis in Russland (vgl. Z. 26–41).	
Er schweigt, nachdem er seinem Freund alles darüber erzählt hat (vgl. Z. 42).	
Er stimmt seinem Freund zu, als dieser behauptet, es sei „Blödsinn" (Z. 43, Z. 44), in einem Stück Stoff einen Talisman zu sehen.	
Er sagt: „Aber komisch ist es, [...] komisch ist es doch." (Z. 46)	
Er fängt an, über seine Vermutungen zu lachen (vgl. Z. 47).	
Er fasst nach dem Stück rosa Stoff in seiner Hosentasche (vgl. Z. 47–50).	

2. a) Charakterisiere Timm. Zeige dabei auch auf, inwiefern er sich von seinem Freund unterscheidet. Gehe nach der Schritt-für-Schritt-Anleitung vor. (→ Heft)

   b) Lies deine Charakterisierung anschließend sorgfältig durch und korrigiere Fehler und Ausdrucksschwächen.

   c) Übertrage diesen Abschnitt in die Reinschrift. (→ Heft)

19.2 Die Textsorte bestimmen

Eine weitere mögliche Aufgabe besteht darin, dass du den vorliegenden literarischen Text einer Textsorte zuordnen sollst. Du hast die Textsorte zwar schon in deiner Einleitung genannt, aber du musst noch nachweisen, dass du diese **Zuordnung** auch **begründen** kannst. Um das tun zu können, musst du dich auf die **entscheidenden Merkmale** der jeweiligen Textsorte beziehen. Im Folgenden kannst du nachlesen, welche Besonderheiten diejenigen literarischen Texte auszeichnen, die du in der Prüfung begründet einer Textsorte zuordnen sollst.

Tipp

Musst du alle Merkmale der Textsorte anführen?

Nein, das brauchst du nicht. Beschränke dich auf die **wesentlichen Merkmale**, die diesen Text von anderen Texten unterscheiden.

Kurzgeschichte

Es gibt viele literarische Texte, die nur einen geringen Umfang haben, z. B. Fabeln, Kalendergeschichten, Anekdoten – und eben auch Kurzgeschichten. Jeder dieser Kurztexte hat seine ganz besonderen Merkmale. Das gilt auch für die Kurzgeschichte. Neben ihrer Kürze zeichnet sie sich durch weitere Besonderheiten aus. Diese betreffen sowohl den Inhalt als auch die Sprache als auch den Aufbau:

Auf einen Blick

Merkmale der Kurzgeschichte

- Die Figuren sind **einfache Menschen**, keine besonderen Personen (keine Helden).
- Sie sind weniger Individuen als vielmehr **Typen**, d. h., sie können für viele stehen. (Ein Arbeitsloser kann z. B. für viele Arbeitslose stehen.) Dass es sich bei den Figuren eher um Typen handelt, zeigt sich oft daran, dass sie namenlos bleiben; dann ist nur die Rede von *ihm* oder von *ihr*.
- Die Handlung gibt eine **alltägliche Begebenheit** wieder. Es ist aber nicht „irgendeine" Begebenheit, sondern ein Moment von besonderer Bedeutung für die Hauptfigur (z. B. weil sie plötzlich eine neue Einsicht gewinnt).
- Im Zentrum der Handlung steht oft eine **Konfliktsituation:** Eine oder mehrere Figuren geraten in eine Krise oder erleben einen Wendepunkt in ihrem Leben.

- Die Sprache ist **einfach**; das betrifft sowohl die **Wörter** als auch die **Satzkonstruktionen**.
- Äußerungen oder Gedanken einzelner Figuren werden in **Alltagssprache** wiedergegeben; oft werden dabei auch **umgangssprachliche Formulierungen** verwendet.
- Erzählt wird in der Regel im **Präteritum**.

- Die Handlung beginnt **mitten im Geschehen**; es gibt **keine Einleitung**, in der die Personen vorgestellt werden.
- Die Darstellung ist **linear**, die Handlung wird also zügig erzählt, und es gibt **keine Vor- oder Rückblenden**.
- Die Handlung strebt auf einen **Wendepunkt** zu; das kann ein Moment sein, in dem eine Figur plötzlich eine neue Einsicht gewinnt.
- Der **Ausgang ist offen**; es wird nicht gesagt, wie das Geschehen endet.

Um einen Text genauer der Textsorte Kurzgeschichte zuzuordnen, prüfst du, welche Merkmale sich darin nachweisen lassen.

Tipp

Muss eine Kurzgeschichte immer alle Merkmale dieser Textsorte aufweisen?

Davon kannst du nicht ausgehen. Die Autorinnen und Autoren schreiben ihre Texte schließlich nicht nach einer Art Anleitung, sondern nach ihren eigenen Vorstellungen. Da kann es vorkommen, dass eine Kurzgeschichte nicht alle Merkmale aufweist, die typisch für diese Textsorte sind. **Entscheidend ist, dass der Text**, der dir vorliegt, **vom Charakter her einer Kurzgeschichte entspricht**. Sollten nicht alle Merkmale enthalten sein, beschränkst du dich auf diejenigen, die du in dieser Geschichte erkennst.

Satire

Bei einer Satire handelt es sich um einen Text, mit dem die Verfasserin oder der Verfasser **in spöttischer Weise Kritik** an gesellschaftlichen Zuständen oder am Verhalten von Personen übt. Jede Textsorte kann als Satire dargestellt sein: Es gibt satirische Kurzgeschichten, Erzählungen, Romane, Dramen und sogar Gedichte. So gesehen ist eine Satire also **keine Textsorte**, sondern ein Text, der auf eine bestimmte Art geschrieben ist – eben spöttisch und frech.

Auf einen Blick

Merkmale der Satire

- Gegenstand der Satire ist meist ein **Sachverhalt**, der als **problematisch** angesehen wird.
- Die Satire übt auf spöttische und ironische Weise **Kritik an Missständen**. Kritisiert werden z. B. Schwächen und Laster von Menschen oder gesellschaftliche Unzulänglichkeiten.
- Die Satire lebt vom **Widerspruch** zwischen einem wünschenswerten **Ideal** und der mangelhaften **Wirklichkeit**. (Die Satiriker*innen beklagen, dass die Welt nicht so ist, wie sie sein sollte.)

Die Darstellung wirkt **spöttisch und komisch**, z. B. durch folgende Mittel:

- Gesellschaftliche Missstände oder negative Verhaltensweisen sind **übertrieben** dargestellt.
- Die Sprache ist **lässig und salopp**; oft werden **umgangssprachliche Wendungen** benutzt.
- Die verwendeten Wörter wirken manchmal **unpassend**.
- Es werden belustigende **Wortspiele** verwendet.
- Die Darstellung ist **ironisch:** Das, was kritisiert werden soll, wird zum Schein gelobt.
- Mitunter werden Dinge aufgezählt, die eigentlich gar **nicht zusammenpassen**.
- **Bildhafte Vergleiche** oder **Metaphern** wirken oft **unrealistisch**.

Satirische Texte sind sehr **frei gestaltet**, der Aufbau richtet sich vor allem nach der Textsorte. **Kürzere Satiren** ähneln oft der Kurzgeschichte.

Übung 45

1. Erkläre in wenigen Sätzen, weshalb es sich bei dem Text „Vielleicht hat sie ein rosa Hemd“ (S. 85/86) **nicht** um eine Satire handeln kann.

____

____

____

____

____

____

2. Welche Merkmale der Kurzgeschichte treffen für Borcherts Text „Vielleicht hat sie ein rosa Hemd“ zu und welche nicht?
Kreuze entsprechend an.

	trifft zu	trifft nicht zu
a) Die Hauptfiguren sind einfache Menschen, keine Helden.	☐	☐
b) Sie sind eher Typen als Individuen.	☐	☐
c) Erzählt wird von einer alltäglichen Begebenheit.	☐	☐
d) Zwischen den beteiligten Figuren kommt es zu einem Konflikt.	☐	☐
e) Die Sprache ist einfach.	☐	☐
f) Hin und wieder werden umgangssprachliche Formulierungen verwendet.	☐	☐
g) Das Geschehen wird im Präteritum erzählt.	☐	☐
h) Es gibt keine Einleitung.	☐	☐
i) Die Darstellung ist linear, ohne Rückblenden.	☐	☐
j) Die Handlung strebt auf einen Wendepunkt zu.	☐	☐
k) Der Ausgang ist offen.	☐	☐

3. a) Ordne Borcherts Geschichte „Vielleicht hat sie ein rosa Hemd“ begründet der Textsorte Kurzgeschichte zu. Formuliere einen zusammenhängenden Text. (→ Heft)

   b) Lies den Abschnitt, den du geschrieben hast, noch einmal sorgfältig durch und korrigiere dabei Fehler und Formulierungsschwächen.

   c) Übertrage den Abschnitt in die Reinschrift. (→ Heft)

19.3 Zusätzliche Informationen einbeziehen

In der dritten Aufgabe zur Texterschließung kann von dir auch erwartet werden, dass du den Text mit Blick auf bestimmte Hintergrundinformationen untersuchen sollst. Es kann zum Beispiel vorkommen, dass du einen Zusammenhang zwischen Entstehungszeit, Autorenbiografie und Text herstellen musst. Die Aufgabe könnte sich aber auch darauf beziehen, wie ein Werk vom Lesepublikum aufgenommen wurde, zum Beispiel:

Beispiel

Die Erzählungen der Autorin gelten als Klassiker der Jugendliteratur. Erläutere anhand des Textes, warum ihre Geschichten gerade Jugendliche besonders ansprechen.

Tipp

Worauf muss ich beim Einbeziehen von Zusatzinformationen besonders achten?

Es ist wichtig, dass du dich auch bei dieser Aufgabe immer auf den Text beziehst. Du sollst bestimmte Zusammenhänge **anhand des Textes erläutern** und **mithilfe passender Textstellen belegen**. Auf keinen Fall darfst du zusätzliche Informationen nur nennen, ohne zu erklären, warum sie in Bezug auf den Text wichtig sind.

Den Entstehungshintergrund berücksichtigen

Um den Entstehungshintergrund zu berücksichtigen, musst du Zusammenhänge zwischen dem Werk und der Biografie der Autorin/des Autors herstellen. Vergiss nicht: Ein Text entsteht nie im luftleeren Raum. Für literarische Texte gilt das ganz besonders. Die Anregungen, die Autorinnen und Autoren zum Schreiben gewinnen, sind auf vielfältige Lebenserfahrungen zurückzuführen. Frage dich, inwiefern sich diese Lebenserfahrungen in dem Text widerspiegeln.

Das gilt zum einen für das **unmittelbare Umfeld**, also für die Familie, die Nachbarschaft, den Freundeskreis, in dem sie aufgewachsen sind. Was sie in ihrer Kindheit und Jugend erlebt haben, hat sie entscheidend geprägt – und das haben sie oft in ihren literarischen Werken verarbeitet. Von Bedeutung ist aber auch das **weitere Umfeld:** Jeder Mensch wächst in einer bestimmten **Zeit** auf und kann auch nur das Wissen erwerben, über das man in seiner Zeit schon verfügte. Wenn jemand vor 200 Jahren gelebt hat, dann kannte er z. B. noch keine Elektrizität, keine Autos oder Flugzeuge. Ebenso spielen die **gesellschaftlichen Verhältnisse** eine entscheidende Rolle. Es macht einen Unterschied, ob jemand in einer Monarchie lebt, einem Land also, an dessen Spitze z. B. ein König oder ein Kaiser steht, oder in einem demokratischen Staat, in dem die Bürgerinnen und Bürger von einem Parlament, das sie selbst gewählt haben, regiert werden. Einige Verfasser*innen hatten auch traumatisierende Erlebnisse, z. B. haben sie die Schrecken einer Diktatur kennengelernt oder die Gräuel eines furchtbaren Krieges.

Stelle dir also diese Fragen, wenn du aufgefordert wirst, bei der Untersuchung eines Textes den Entstehungshintergrund zu berücksichtigen:

- Wann hat die Autorin/der Autor gelebt?
- In welchem familiären Umfeld ist sie/er aufgewachsen?
- Wie sah die Zeit aus, in der sie/er gelebt hat?
- Was für Erfahrungen hat sie/er gemacht?
- Was konnte sie/er wissen – und was nicht?

Übung 46

Wolfgang Borcherts Kurzgeschichte „Vielleicht hat sie ein rosa Hemd“ spielt in der Nachkriegszeit. Überprüfe, inwiefern sich diese Aussage anhand des Textes nachweisen lässt. Berücksichtige auch die Informationen über die Biografie des Autors (s. u.). Gehe so vor:

1. Unterstreiche in der Kurzgeschichte alle Textstellen, die darauf hinweisen, dass die Handlung in der Nachkriegszeit spielt.
2. Lies nun den Auszug aus der Biografie Wolfgang Borcherts. Markiere darin alle Informationen, die er in seiner Kurzgeschichte verarbeitet haben könnte.
3. Stelle Zusammenhänge zwischen der Nachkriegssituation und dem Inhalt der Kurzgeschichte her. Berücksichtige auch die Kriegserfahrungen des Autors. Schreibe einen zusammenhängenden Text. Beziehe dich dabei auf Textstellen. (→ Heft)
4. Lies deinen Text noch einmal sorgfältig durch und korrigiere Fehler und Ausdrucksschwächen.

Biografie von Wolfgang Borchert

Wolfgang Borchert wurde am 20. Mai 1921 in Hamburg geboren. Sein Vater war Volksschullehrer und seine Mutter Heimatschriftstellerin. Wolfgang besuchte eine Realschule, die er aber Ende des Jahres 1938 ohne Abschluss beendete. Danach begann er auf Betreiben seiner Eltern eine Buchhändlerlehre.
Freude am Schreiben hatte er schon früh. Zunächst verfasste er nur Gedichte, später auch Kurzgeschichten und Dramen. Ein Theaterbesuch im Jahre 1937 begeisterte ihn so sehr, dass er selbst Schauspielunterricht nahm und seine Buchhändlerlehre 1940 abbrach. Nach dem Bestehen der Schauspielprüfung erhielt er ein Engagement als Schauspieler an der Landesbühne in Lüneburg. Daneben schrieb er weiter Texte. Allerdings hatte er nur wenig Zeit, seine künstlerischen Begabungen zu pflegen. Zwei Jahre nach Ausbruch des Zweiten Weltkriegs wurde er als Soldat zur Wehrmacht eingezogen und an die Ostfront nach Russland geschickt. Aufgrund von Verwundungen und Erkrankungen durfte er zwar einige Male für eine gewisse Zeit nach Hause fahren, doch nach seiner Genesung musste er immer wieder als Soldat an die Ostfront zurückkehren. Erst gegen Kriegsende wurde er wegen seines schlechten Gesundheitszustands an eine Garnison in Jena versetzt. Um nicht in französische Kriegsgefangenschaft zu gelangen, ergriff er die Flucht und schlug sich zu Fuß nach Hamburg durch.
Gesundheitlich kam er nicht wieder zu Kräften und wurde bald bettlägerig. Das Schreiben gab er aber auch in dieser Zeit nicht auf. In seinen Texten verarbeitete er vor allem seine Kriegserlebnisse und thematisiert, wie die Menschen unter den Folgen des Krieges leiden. Die Figuren in seinen Texten sind häufig durch die Kriegserfahrungen traumatisiert. Sie durchleben Gefühle von Entfremdung, Angst, Schuld und Einsamkeit. Das bekannteste Beispiel dafür ist das Hörspiel „Draußen vor der Tür“. Dessen Uraufführung erlebte Borchert jedoch nicht mehr. Im September 1947 wurde er in ein Spital in der Schweiz gebracht, wo er zwei Monate später, am 20. November, starb.

19.4 Die Autorenabsicht bestimmen

Auch die Frage nach der Absicht hinter einem Text kann in der dritten Teilaufgabe eine Rolle spielen. Aber woher weiß man, welche Absicht die Verfasser*innen hatten, als sie ihre Texte schrieben? Um dich dazu äußern zu können, solltest du dich als Erstes an der Textart orientieren. Wie du weißt, ist es ein Ziel **literarischer Texte**, die Leser*innen zu **unterhalten**. Sie können aber auch mit vielen weiteren Absichten verbunden sein. Grob lassen sich diese zwei Möglichkeiten unterscheiden:

- Sie sollen die Leser*innen **erfreuen** und ihnen Spaß machen.
- Sie sollen die Leser*innen **nachdenklich stimmen**.

Tipp

Worum geht es in literarischen Texten?

Die meisten Autorinnen und Autoren machen in ihren literarischen Werken auf **Probleme** aufmerksam oder üben **Kritik** an etwas. Dabei wird häufig von Schwierigkeiten erzählt, die die Menschen miteinander – oder mit einer Situation – haben. Daher kannst du ganz gezielt fragen: **Um welches Problem geht es in diesem Text?**

Es gibt natürlich auch literarische Texte, in denen schöne, positive Themen dargestellt sind (z. B. Liebesgedichte). Aber auch solche Texte sprechen manchmal Schwierigkeiten an (z. B. Liebeskummer). Entscheidend für dich ist: Du kannst davon ausgehen, dass du in der Prüfung wahrscheinlich einen Text bekommst, in dem von Problemen die Rede ist.
Häufig enthalten literarische Texte sowohl **negative** als auch **positive Aussagen**. Dann stellt sich die Frage: Was überwiegt? Es kann sein, dass man mehr positive als negative Aussagen in einem Text findet und dass trotzdem das Negative überwiegt. Das liegt dann daran, dass die Negativ-Aussagen gewichtiger sind. Auch die Position der Aussagen spielt eine Rolle: Was am Schluss steht, wirkt meist wie ein Ergebnis und hat dann die größere Bedeutung.

Übung 47

Bestimme die Absicht, die Wolfgang Borchert gehabt haben könnte, als er seine Kurzgeschichte „Vielleicht hat sie ein rosa Hemd“ (S. 85/86) schrieb. Kreuze die entsprechende Aussage an und begründe anschließend deine Entscheidung.

☐ Die Kurzgeschichte soll die Leser*innen erfreuen und ihnen Spaß machen.

☐ Sie soll die Leser*innen nachdenklich stimmen.

Begründung:

______

______

______

______

______

______

20 Die argumentative Schreibaufgabe

In der vierten Teilaufgabe wird auch beim literarischen Text eine **begründete Stellungnahme** von dir erwartet. Diese kann sich direkt auf den Textinhalt beziehen, z. B. auf das Verhalten einer Figur. Du wirst dann aufgefordert, ihr Handeln zu bewerten und deine Meinung auf Grundlage des Textes zu **begründen**. Die Aufgabenstellung kann sich aber auch auf eine allgemeine Frage- oder Problemstellung beziehen, die der Text aufwirft und die eine grundsätzliche, über den Text hinausgehende Stellungnahme von dir erwartet.

Genauere Informationen über das Vorgehen beim Verfassen einer Stellungnahme findest du auf den Seiten 76 bis 79. Auch beim literarischen Text wird dir die Anzahl der Wörter vorgegeben, die deine Stellungnahme ungefähr haben sollte (ca. 250).

Tipp

Wie sieht eine Stellungnahme zu einem literarischen Text aus?

Du äußerst als Erstes deine **Meinung** zu dem Thema, das dir gestellt wird. Anschließend **begründest** du deine Meinung **anhand des Textes**. Dabei musst du dich zum einen auf dein eigenes **Wissen** und deine **Erfahrungen** beziehen, zum anderen auf **geeignete Textstellen**, die dazu passen.
Hinweis: Die Bezugnahme auf Textstellen ist nicht erforderlich, wenn das Thema allgemein formuliert ist, sich also nicht direkt auf eine bestimmte Fragestellung zum Text bezieht.

Übung 48

1. Nimm Stellung zu der Frage, ob sich die jungen Männer von ihrer Persönlichkeit her ähneln. (→ Heft)

2. Zeigt Timm gegenüber seinem Begleiter sein ehrliches Gesicht? Nimm begründet Stellung zu dieser Frage. (→ Heft)

3. Nimm begründet Stellung zu der Frage, ob die Kurzgeschichte für heutige Leser*innen noch von Interesse sein kann. (→ Heft)

21 Die kreative Schreibaufgabe

Als Letztes wirst du auch bei einem literarischen Text aufgefordert, eine kreative Schreibaufgabe zu bearbeiten – ähnlich wie bei einem pragmatischen Text (vgl. S. 80–83). Das bedeutet oft, dass du dich in eine der Figuren hineinversetzen musst, um bestimmte Erlebnisse aus ihrer Sicht darzustellen, z. B. in einem inneren Monolog oder einem Tagebucheintrag. Es kann aber auch sein, dass sich der Schreibauftrag nur auf die Thematik des Textes bezieht und du z. B. eine Erzählung oder einen persönlichen Brief dazu schreiben sollst.

Eine Übersicht über mögliche Schreibformen findest du auf den Seiten 82/83.

Manchmal sollst du bei literarischen Prosatexten auch die Rolle des Erzählers übernehmen und die Handlung fortführen. Dann musst du dir z. B. überlegen, wie die Handlung weitergehen könnte, und einen eigenen Schluss ergänzen. Beachte dabei die folgenden Merkmale:

Fortsetzung eines Textes	
Schreiber*in	eine außenstehende Person, die im Nachhinein die Rolle der Autorin/des Autors einnimmt
Empfänger*in	die Leser*innen des Textes (die aber nicht direkt angesprochen werden)
Schreibziel	der Text soll ein (neues, weiteres, anderes) Ende bekommen
Aufbau	1. unmittelbar anknüpfend an den Schluss des Originaltextes (der nächste Handlungsschritt) 2. danach Darstellung des weiteren Ablaufs (der Fortgang des Textes muss so dargestellt sein, dass er glaubwürdig klingt) 3. am Schluss zu einem Ende führend: dabei hat die schreibende Person die Wahl zwischen einem „richtigen" Ende (Happy End? Trauriges Ende?) oder einem offenen Schluss
Sprache	möglichst genau an die Sprache des Originaltextes angepasst; es darf kein Bruch zwischen dem ursprünglichen Text und der Fortsetzung zu erkennen sein

Tipp

Wie stark muss ich mich am Originaltext orientieren?

Bezieht sich die kreative Schreibaufgabe unmittelbar auf den Text, solltest du dich unbedingt **am Text orientieren**, denn deine Darstellung muss stimmig sein und **genau dazu passen**. Das gilt sowohl für die **Sprache** als auch für den **Inhalt**. Schreibe nichts, was dem Text widerspricht! Erfinde z. B. kein Happy-End, wenn der Originaltext das nicht nahelegt.
Trotzdem musst du auch deine **Fantasie** spielen lassen und deinen Text durch dein **Erfahrungswissen** anreichern. Überlege, was sich glaubhaft hinzuerfinden lässt. Denke dir passende Einzelheiten aus.

Übung 49

1. Verfasse einen **Tagebucheintrag**, den Timm, die Hauptfigur aus Borcherts Kurzgeschichte „Vielleicht hat sie ein rosa Hemd" (S. 85/86), am Abend dieses Tages geschrieben haben könnte. Überlege dir ein geeignetes Datum. (→ Heft)

   Hinweis: Du kannst dir sowohl für seinen Begleiter als auch für den Kameraden in Russland einen Namen ausdenken.

2. Schreibe einen **inneren Monolog** aus Timms Sicht, wie er ihn nach dem Gespräch mit seinem Begleiter in seinem Innern mit sich führen könnte. (→ Heft)

3. Überlege dir, wie Borcherts Kurzgeschichte „Vielleicht hat sie ein rosa Hemd" weitergehen könnte. Schreibe deine **Fortsetzung** auf. (→ Heft)

22 Den Schluss schreiben

Nachdem du alle Aufgaben fertiggestellt hast, wird von dir erwartet, dass du deine Darstellung mit einem passenden Schluss abrundest. Dafür gibt es verschiedene Möglichkeiten.

Du kannst dich z. B. dazu äußern, …

- wie dir der Text gefallen hat,
- welche **Botschaft** der Text vermittelt,
- ob der Inhalt heute noch **aktuell** ist,
- wem du diesen Text zur Lektüre **empfehlen** würdest.

Weitere Anregungen für einen Schluss findest du bei den Erläuterungen bezüglich der Aufgaben zu einem pragmatischen Text (S. 84).

Tipp

Wie schreibe ich einen passenden Schluss?

Abschließend solltest du immer zu einem **Ergebnis** gelangen. In einem ersten Satz kannst du z. B. sagen, welche Botschaft der Text in deinen Augen vermittelt (z. B. so: „Der Text zeigt vor allem, dass …"). Danach begründest du deine Einschätzung, indem du auf den Textinhalt verweist, der deiner Meinung nach besonders wichtig ist.

Übung 50

1. Was zeigt Borcherts Kurzgeschichte „Vielleicht hat sie ein rosa Hemd"? Äußere dich abschließend zu der **Botschaft**, die der Text vermittelt. (→ Heft)

2. Stelle Überlegungen zu der Frage an, ob Borcherts Kurzgeschichte heute immer noch **aktuell** ist. (→ Heft)

3. Wer sollte diese Kurzgeschichte lesen? Sprich zum Schluss eine **Empfehlung** aus. (→ Heft)

23 Überprüfen des Geschriebenen

Nach der Fertigstellung deines Aufsatzes ist es wichtig, dass du ihn nochmals gründlich **durchliest**, eventuelle Fehler findest und **überarbeitest**.

Übung 51

Nimm dir nun eine der Übungsaufgaben zum Erschließen eines pragmatischen oder eines literarischen Textes vor (Kapitel „Übungsaufgaben im Stil der Abschlussprüfung" ab S. 123), schreibe einen vollständigen Aufsatz und überprüfe ihn anschließend anhand der folgenden Checkliste. Bewerte, wie gut dir die einzelnen Punkte gelungen sind, indem du entsprechend ankreuzt.

Auf einen Blick

Checkliste für eine gelungene Texterschließung

Arbeitsschritte	Habe ich …	+	o	–
Lesen des Textes	den Text sorgfältig gelesen, wichtige Stellen markiert und dazu am Rand Stichworte notiert?			
Analyse der Aufgabenstellung	die fünf Aufgaben genau gelesen und durchdacht?			
Einleitung	die fünf Basisinformationen (Textsorte, Titel, Autor*in, Quelle, Thema) genannt?			
	das Thema weiter präzisiert?			
Inhaltszusammenfassung	die wesentlichen Inhalte des Textes knapp und verständlich zusammengefasst?			
	den Textaufbau (Sinnabschnitte mit Zeilenangabe) beschrieben? *(betrifft nur pragmatische Texte)*			
	in eigenen Worten, sachlich und im Präsens formuliert?			
Sprachanalyse	die geforderte Anzahl/Art sprachlicher Merkmale des Textes genannt und deren Wirkung beschrieben?			
	jedes sprachliche Merkmal anhand von passenden Textstellen belegt?			
Erschließen einer Besonderheit des Textes	auf wichtige Einzelheiten des Textes verwiesen und deren Bedeutung überzeugend erläutert?			
	meine Aussagen zum Text durch Verweise auf entsprechende Textstellen genügend belegt?			
Begründete Stellungnahme	meine Meinung klar formuliert und mit überzeugenden Argumenten ausführlich begründet?			
	die Argumente sinnvoll angeordnet und verknüpft?			
	jedes Argument aus Behauptung, Begründung und Beispiel(en) aufgebaut?			
	auf die geforderte Wortanzahl geachtet?			
Kreative Schreibaufgabe	einen kreativen Text verfasst, der den ursprünglichen Text sprachlich und inhaltlich passend ergänzt? *(bei textbezogenen Aufgabenstellungen)*			
	einen Text verfasst, der das vorgegebene Thema kreativ erschließt? *(bei thematischen Aufgabenstellungen)*			
	alle Textsortenmerkmale (z. B. Brief) berücksichtigt?			
Schluss	meine Texterschließung mit einem überzeugenden Schluss gut abgerundet?			
Überarbeitung	Ausdrucksfehler vermieden (z. B. Umgangssprache, Wiederholungen)?			
	den Aufsatz noch einmal im Hinblick auf Rechtschreibung, Grammatik und Satzzeichen überprüft?			
	auf die äußere Form meines Aufsatzes geachtet (Absätze, Schrift, freier Korrekturrand)?			

Gut und richtig schreiben

Wenn du einen Text verfasst, ist nicht nur wichtig, **was** du schreibst, sondern auch **wie** du diese Inhalte **sprachlich präsentierst**. Daher fließen auch folgende Aspekte in die Bewertung deines Prüfungsaufsatzes ein:

- der **Ausdruck** (z. B. Sprachstil, Wortwahl und Satzbau)
- die **sprachliche Richtigkeit** (Rechtschreibung, Grammatik, Zeichensetzung)

24 Den Aufsatz überzeugend gestalten

24.1 Geschickt formulieren

Damit die Leser*innen die Inhalte deines Aufsatzes gut nachvollziehen können, muss dein Text **abwechslungsreich** und leicht **verständlich** geschrieben sein.

Auf einen Blick

Worauf musst du bei der Formulierung eines guten Textes achten?	
Treffende Wörter	**Vermeide eine gehäufte Verwendung** von „einfachen“ Verben und Adjektiven wie z. B. *machen, tun, sagen; gut, schön.*
Übersichtliche Satzkonstruktionen	• Schreibe **keine unübersichtlichen „Bandwurmsätze“**, sondern benutze Satzgefüge, die nur aus einem Hauptsatz und höchstens zwei Nebensätzen bestehen. • Vermeide mehrere aufeinanderfolgende Konjunktionen. Schreibe z. B. nicht: *Viele Schüler*innen denken, dass, wenn sie keine Markenkleidung tragen, sie gemobbt werden.* Besser: *Viele Schüler*innen denken, dass sie gemobbt werden, wenn sie keine Markenkleidung tragen.*
Informationen richtig platzieren	Platziere wesentliche Informationen an einer auffälligen Stelle, z. B. am **Anfang oder Ende eines Absatzes**.
Abwechslungsreiche Satzanfänge	Versuche, unterschiedliche Satzanfänge zu formulieren. Beginne z. B. nicht immer mit dem Subjekt.
Passende Konjunktionen	Wähle zum Verknüpfen von Sätzen treffende **Konjunktionen** und **Adverbien**, die die Zusammenhänge verdeutlichen, z. B. *da, weil* (Begründung) oder *wenn, falls* (Bedingung) (vgl. auch S. 36).
Angemessener Sprachstil	**Vermeide umgangssprachliche Ausdrücke** in Textsorten, die man in der Standardsprache schreibt. Umgangssprachlich ist es auch, wenn du Wörter unangemessen verkürzt. Schreibe also z. B. nicht *reinkommen* (statt *hereinkommen) oder mal* (statt *einmal*).
Wiederholungen vermeiden	Achte darauf, Wörter nicht unnötig zu wiederholen. Ersetze sie durch **passende Pronomen oder Synonyme**, z. B. so: *Lisa will sich heute einen Traum erfüllen. Sie / Die junge Frau hat sehr lange dafür gespart.*
Anschauliche Beispiele	**Veranschauliche deine grundlegenden Aussagen** durch interessante Beispiele, z. B.: *Max ist ein Geldverschwender. Gestern hat er sich eine teure Markenuhr gekauft, obwohl er nie Armbanduhren trägt.*

Übung 52

1. Ersetze die unterstrichenen Wörter jeweils durch treffendere Formulierungen. Stelle die Sätze gegebenenfalls um, ohne dass sich der Sinn ändert.

> Hirnforscher*innen haben die Entdeckung gemacht, dass die Kaufentscheidung eine Abwägungssache ist, bei der eine Kosten-Nutzen-Analyse gemacht wird. Für Jugendliche ist ein Nutzen von Markenbekleidung z. B., bei einer Gruppe mitmachen zu können. Natürlich macht auch der Preis etwas aus. Aber: „Jugendlichen ist die Anerkennung in der Gruppe sehr viel wert“, sagt ein Psychologe, „daher sind sie bereit, ihr ganzes Taschengeld dafür auszugeben.“

2. Unterstreiche im Text alle umgangssprachlichen Begriffe und verbessere sie auf der Zeile daneben.

Jugendliche finden auch deshalb Markenklamotten toll, weil sie ihren prominenten Idolen nacheifern wollen. Indem Promis, die bei jungen Leuten gerade in sind, für bestimmte Marken werben, wird den Jugendlichen vermittelt, dass sie ihren Vorbildern ähnlich werden, wenn sie diese Sachen kaufen. Daher werden z. B. erfolgreiche Fußballer zu Werbeträgern für Sportbekleidung oder sexy Sängerinnen zu Models für Damenmode.

3. Verbessere den folgenden Text, indem du die unterstrichenen Wortwiederholungen durch Synonyme oder passende Pronomen ersetzt. Schreibe deine Korrekturen jeweils auf die Zeile darunter.

SINUS-Studie u 18:
Die Absicht der Studie war es, die Generation der 14- bis 17-Jährigen genau zu beschreiben. Die Studie sollte insbesondere das Milieu analysieren, in dem

die Generation der 14- bis 17-Jährigen aufwächst. Mithilfe von offenen Inter-

views, schriftlichen Erzeugnissen und Fotografien wurde analysiert, wie

Jugendliche denken und handeln. Dabei war auch die Frage relevant, was

Jugendliche über Konsumgüter, wie z. B. Markenkleidung, denken.

4. Vereinfache nachfolgende Satzkonstruktionen, indem du z. B. die Sätze umformst oder mehrere kurze Sätze bildest. Denke daran, dass alle Informationen erhalten bleiben müssen.

   a) Den Jugendlichen, die befragt wurden, war der Begriff „kritischer Konsum“, der auch „nachhaltiger“ oder „strategischer Konsum“ genannt wird, kaum bekannt.

   b) Das Konzept beinhaltet, dass, bevor man sich für ein Produkt entscheidet, man sich mit ethischen, sozialen und ökologischen Folgen und Bedingungen der Produktion auseinandersetzt.

   c) Dass die Jugendlichen eher ihr Verhalten ändern würden, wenn sie Lebensmittel einkaufen, als wenn sie Mode kaufen, liegt unter anderem daran, dass es kaum fair produzierte Kleidung gibt, die ihrem bevorzugten Modestil entspricht.

24.2 Richtig zitieren

Bei der Arbeit mit Texten musst du deine **Aussagen** immer wieder **anhand von Textstellen belegen**. Dabei geht es nicht darum, möglichst viele **Zitate** aneinanderzureihen. Entscheidend ist vielmehr, dass du besonders aussagekräftige Textstellen anführst. Dies ist sowohl beim materialgestützten Argumentieren als auch beim Erschließen von pragmatischen oder literarischen Texten notwendig.

Auf einen Blick

Wie belegst du Aussagen anhand von Textstellen?	
Zitate richtig kennzeichnen	Es gibt zwei Möglichkeiten, wie du dich auf Textstellen beziehen kannst: • Entweder du schreibst die passende Textstelle **wortwörtlich** als **direktes Zitat** aus dem Text heraus. Setze dein Zitat in **Anführungszeichen** und stelle die jeweilige **Zeilenangabe in Klammern** dahinter: „…“ (Z. x) • Oder du gibst die Textstelle **mit eigenen Worten** als **indirektes Zitat** wieder. Hier setzt du **keine** Anführungszeichen und fügst in der Zeilenangabe ein „**vgl.**“ hinzu: … *(vgl. Z. x)*
Sinn erläutern	Eine Textstelle nur zu zitieren genügt nicht. Du musst auch deutlich machen, … • **was** eine Textstelle **aussagt**, z. B. über eine Figur. • **warum** die zitierte Textstelle **eine Aussage**, die du zum Text gemacht hast, **unterstützt**.
Zitat mit eigenem Text verknüpfen	**Verknüpfe** das Zitat mit deinem Text: • Führe mit eigenen Worten zum Zitat hin, z. B. durch eine deutende Aussage: *Dass die junge Frau in Wirklichkeit gar nicht so selbstsicher ist, wie es scheint, wird an ihrem Verhalten deutlich. So heißt es: „ …“ (Z. x).* • Mit diesen Worten kannst du die Erläuterung nach dem Zitat beginnen: *Das zeigt, dass … / Wenn …, dann … / Daran kann man erkennen, dass … / Hier wird deutlich, …*

Übung 53

1. Formuliere die direkten Zitate in indirekte um.
   Orientiere dich an folgendem Beispiel:

   Beispiel

   „Der Urlaub mit dem Auto oder Flugzeug beeinflusst das Klima negativ.“ (Z. x)
   ↓ ↓ ↓ ↙
   Das Verreisen mit einigen Verkehrsmitteln ist klimaschädlich. (vgl. Z. x)

   a) „Frische Nahrungsmittel enthalten mehr Nährstoffe als Pizza, Burger und Pommes.“ (Z. x)

   ____

   ____

   b) „Jugendliche drücken ihre Identität z. B. auch mit dem Markenlabel auf ihren T-Shirts oder Pullovern aus.“ (Z. x)

   ____

   ____

Tipp

Wie kannst du eine Aussage in eigene Worte umformulieren?

Um einen Satz in eigene Worte umzuformulieren, hast du zahlreiche Möglichkeiten. Du kannst einen Satz ganz frei wiedergeben oder schrittweise vorgehen. Dabei kannst du z. B.:

- Begriffe durch **Synonyme** austauschen, z. B. *Urlaub* → *Verreisen*.
- Aufzählungen unter **Sammelbegriffen** zusammenfassen, z. B. *Auto, Flugzeug* → *Verkehrsmittel*.
- **Wortgruppen zusammenfassen**, u. a. indem du Komposita (Wortzusammensetzungen) bildest, z. B. *beeinflusst das Klima negativ* → *ist klimaschädlich*.

2. Bearbeite nachfolgende Aufgaben zum direkten Zitieren von Textstellen.

   a) Ordne den Zitaten die jeweils passende Erläuterung des Sinns zu. Verbinde entsprechend.

„Jugendliche drücken ihre Identität z. B. auch mit dem Markenlabel auf ihren T-Shirts oder Pullovern aus.“ (Z. x)	Es ist gesünder, frisches Obst zu essen oder selbst zu kochen, als Fast Food und Fertigprodukte zu sich zu nehmen.
„Der Urlaub mit dem Auto oder Flugzeug beeinflusst das Klima negativ.“ (Z. x)	Ein bestimmter Kleidungsstil ist oftmals Voraussetzung, um einer Gruppe beitreten zu dürfen.
„Frische Nahrungsmittel enthalten mehr Nährstoffe als Pizza, Burger und Pommes.“ (Z. x)	Jugendliche legen viel Wert auf Markenbekleidung.
„An der Kleidung kann man häufig ablesen, zu welcher Clique ein Jugendlicher gehört.“ (Z. x)	Ein klimafreundlicher Einkauf bedeutet, bei frischen Lebensmitteln darauf zu achten, dass sie aus der Region stammen.
„Beim Import von Südfrüchten wie Ananas oder Bananen entstehen aufgrund der weiten Transportwege viele Treibhausgase.“ (Z. x)	Wenn jede einzelne Person darauf achtet, mit welchem Verkehrsmittel sie verreist, kann sie einen Beitrag zum Klimaschutz leisten.

   b) Verknüpfe die Zitate mit den Erläuterungen. Verfasse jeweils einen vollständigen Textbeleg (vgl. „Auf einen Blick“ S. 112) und unterstreiche die Verknüpfung. (→ Heft)

24.3 Der Konjunktiv in der indirekten Rede

Wenn du den Inhalt eines Textes zusammenfassen sollst, musst du deutlich machen, dass du die **Aussagen einer anderen Person**, also der Verfasserin oder des Verfassers, wiedergibst. Dafür verwendest du die **indirekte Rede** und den **Konjunktiv I**.

Den Konjunktiv I kannst du in der Regel so bilden: **Stamm des Verbs + e**.

Beispiel

„Der Markenwahn von Grundschulkindern geht von den Eltern aus."
→ Aussage der Verfasserin oder des Verfassers
Die Verfasserin oder der Verfasser meint, der Markenwahn von Grundschulkindern gehe von den Eltern aus. → indirekte Rede

Tipp

Wie oft musst du Begleitsätze einfügen?

Meist genügt es, wenn du am **Anfang** deiner Inhaltszusammenfassung bzw. jedes Sinnabschnitts einen **Begleitsatz** einfügst (z. B. *Der Verfasser meint/behauptet/ erläutert …*). Durch die Verwendung des Konjunktivs ist den Leserinnen und Lesern auch bei den nachfolgenden Sätzen klar, dass du keine Tatsachen darstellst, sondern die Aussagen der Autorin oder des Autors wiedergibst. Du kannst den Begleitsatz aber genauso gut erst **nach der ersten Aussage** der Verfasserin/des Verfassers formulieren.

Hinweis: Wenn du die indirekte Rede vermeiden willst, kannst du auch auf eine andere Weise verdeutlichen, dass du die Gedanken eines anderen wiedergibst. Stelle dann einen Satz voran wie: *Der Autor begründet das so: …* oder: *Er stellt das folgendermaßen dar: …*

Nicht immer kann man die Konjunktivform eindeutig erkennen. Dann nimmst du ersatzweise den **Konjunktiv II**, der aus der **Präteritum-Form** des Verbs gebildet wird. Diese ist ebenfalls daran zu erkennen, dass ein **-e-** vor der Personalendung eingefügt ist. Wenn möglich, wird aus dem Stammvokal dann ein **Umlaut**. Sollte auch die Form des Konjunktivs II nicht eindeutig als Konjunktivform zu identifizieren sein, weichst du auf die **Umschreibung mit „würde"** aus.

Beispiel

Die folgende Tabelle zeigt, welche Verbformen von „gehen" in der indirekten Rede infrage kommen:

	Konjunktiv I	Konjunktiv II	Umschreibung mit „würde"
ich	~~gehe~~	ginge ✓	
du	gehest ✓		
er/sie/es	gehe ✓		
wir	~~gehen~~	~~gingen~~	würden gehen ✓
ihr	gehet ✓		
sie	~~gehen~~	~~gingen~~	würden gehen ✓

Die Formen in der Tabelle (S. 114) betreffen nur Äußerungen, die ursprünglich im Präsens standen. Bei Aussagen in anderen Zeitformen gelten andere Regeln:

- Formen der Zukunft bildet man mit dem Konjunktiv des Hilfsverbs *werden*.
- Formen der Vergangenheit werden im Konjunktiv mit dem Hilfsverb *haben* oder *sein* ausgedrückt.

Tipp

Musst du alle Verben in den Konjunktiv setzen?

- Bei **mehrteiligen Prädikaten** steht immer nur das **erste Verb** (Hilfsverb oder Modalverb) **im Konjunktiv**.
- Das Verb, mit dem du sagst, was die Verfasserin/der Verfasser äußert, ändert sich nicht; es bleibt unverändert im Indikativ: Sie/Er *meint, erklärt, erläutert usw.*

Übung 54

1. Erstelle in gleicher Weise wie auf Seite 114 eine Tabelle für die Konjunktivformen der Hilfsverben *sein*, *haben* und *werden*. (→ Heft)

2. Wandle die folgenden Äußerungen in die indirekte Rede um.

Der Verfasser erläutert:	**Der Verfasser erläutert, …**
„Das Markenbewusstsein von Jugendlichen steigt stetig an.“	
„Das ist sogar schon in Grundschulen zu beobachten.“	
„Allerdings geht das nicht von den Grundschülern selbst aus.“	
„Vielmehr liegt es an den Eltern, die ihre Kinder dahingehend beeinflussen.“	
„Indem sie selbst Wert auf Markenkleidung legen, vermitteln sie ihren Kindern dieses Markenbewusstsein.“	

3. Ergänze in nachfolgender Inhaltszusammenfassung die korrekte grammatische Form der Verben in den Klammern.

Zu Beginn des Textes ____________ (beschreiben) der Verfasser, wie sich das Markenbewusstsein der Kinder und Jugendlichen ____________ (verändern). Seiner Auffassung nach ____________ (sein) die Eltern dafür verantwortlich, dass bereits Grundschüler ein gewisses Markenbewusstsein ____________ (entwickeln). Im Folgenden ____________ (heißen) es allerdings, der Hauptgrund für Mobbing in der Grundschule ____________ (sein) nicht die fehlende Markenbekleidung, sondern der Übertritt auf das Gymnasium. Dieser ____________ (hängen) aber häufig mit der finanziellen Situation der Eltern zusammen, die sich wiederum in der Bekleidung der Kinder ____________ (widerspiegeln).

25 Richtig schreiben

*Über den QR-Code kannst du **Lernvideos** zu wichtigen Rechtschreibregeln abrufen.*

25.1 Rechtschreibung

Achte darauf, dass du deine Texte möglichst **fehlerfrei** schreibst, denn in deinem Aufsatz werden auch Rechtschreibung und Zeichensetzung bewertet. Dies sind die wichtigsten **Regeln zur Rechtschreibung:**

Kurz gesprochene Vokale

Auf einen Blick

Kennzeichnung	Regel	Beispiele
Doppelkonsonant	Auf einen kurzen Vokal folgen **zwei Konsonanten**. Hörst du nach dem Vokal **nur einen Konsonanten**, dann muss er **verdoppelt** werden.	*kalt, Helm, sind, Kinn, sollen, Kutte*
	<u>Ausnahmen und Besonderheiten</u> • Ein Doppelkonsonant, der zum Wortstamm gehört, **bleibt** in allen Wortformen **erhalten**, auch dann, wenn ein weiterer Konsonant folgt. • Bei **manchen einsilbigen Wörtern** schreibt man keinen Doppelkonsonanten.	*bestellen – bestellt* *kennen – bekannt* *das, mit, ob, zum*
ck oder tz	Die Konsonanten **k** und **z** werden nicht verdoppelt. Man schreibt stattdessen **ck** oder **tz**.	*Mücke, Witze*

Lang gesprochene Vokale

Zu den langen Vokalen zählen nicht nur lang gesprochenes *a*, *e*, *i*, *o* oder *u*, sondern auch **Doppellaute** wie *au* und *ei*.
Zur Kennzeichnung von langen betonten Vokalen gibt es folgende Regeln:

Auf einen Blick

Kennzeichnung	Regel	Beispiele
keine Kennzeichnung	Bei den meisten Wörtern wird der lange Vokal **nicht extra gekennzeichnet**.	*Tag, lesen, Mut Bote, fragen*
ie	Ein **langes i** wird in der Regel mit **ie** wiedergegeben. Bei **Fremdwörtern** steht häufig ein **einfaches i**.	*Tier, lieben, Knie Notiz, Kino, Virus*
Doppelvokal	Es gibt auch Wörter, in denen der **Vokal verdoppelt** wird. Diese Wörter musst du **auswendig lernen**.	*Aal, Meer, Moor*
Dehnungs-h	Wenn auf den langen betonten Vokal **l**, **m**, **n** oder **r** folgt, wird bei **einigen** Wörtern ein **Dehnungs-h** eingeschoben. Auch hier musst du **auswendig lernen**, welche Wörter ein Dehnungs-h haben und welche nicht.	*Stuhl, Rahm, Sahne, fahren* *<u>Ohne</u> Dehnungs h: Schal, Dame, Person, Schere,*
silbentrennendes h	In einigen Wörtern folgt auf einen **langen** Vokal ein **kurzer**. Dann wird oft ein sogenanntes **silbentrennendes h** eingefügt, um deutlich zu zeigen, dass eine neue Silbe anfängt.	*ge | hen, flie | hen, se | hen*

Tipp

Wie kannst du die Schreibweise überprüfen?

Bei Unsicherheiten kann dir das **Stammprinzip** weiterhelfen. Es besagt, dass alle Wörter derselben Wortfamilie ihre typischen Schreibweisen in allen Wortformen beibehalten. Suche

- nach einer Form des Wortes, bei der du die **richtige Schreibweise hören** kannst, z. B.: *Wald oder Walt? – Wälder; bund oder bunt? – bunte; heftik oder heftig? – heftiger*
- nach einem anderen Wort aus **derselben Wortfamilie**, das du kennst, z. B.: *lästig – Last – belästigen; essen – (er) isst – Esstisch; fahren – (er) fährt – gefährlich – Fährte*

s-Laute

Die Schreibweise von s-Lauten hängt von zweierlei ab: von der **Länge des vorangehenden Vokals** und von der **Aussprache des s-Lauts.**

Auf einen Blick

s-Laute richtig schreiben	
s	**Einfaches „s"** schreibst du, wenn das s **stimmhaft** ist, z. B.: *Hase, leise, lesen.*
ß	**Scharfes „ß"** schreibst du, wenn der s-Laut **stimmlos** ist und nach einem **langem Vokal** steht, z. B.: *Ruß, Füße, beißen, heiß.*
ss	**Doppel-s** schreibst du, wenn der s-Laut **stimmlos** ist und auf einen **kurzen Vokal** folgt, z. B.: *wissen, Kissen, Masse, nass.*

Hinweis: Führe bei s-Lauten **am Wortende** immer die **Verlängerungsprobe** durch! Im Deutschen wird das stimmhafte s am Wortende nämlich wie ein stimmloses s ausgesprochen.

Beispiel

Bei dem Wort „Maus" hört man nach einem langen Vokal ein stimmloses „s". Die Verlängerungsprobe zeigt aber, dass das „s" eigentlich stimmhaft ist: Maus → Mäuse.

Tipp

Wie erkennst du, ob ein s-Laut stimmhaft oder stimmlos gesprochen wird?

Wenn du dir nicht sicher bist, kannst du die **Handprobe** machen: Lege die Hand vorn um deinen Hals und sprich das Wort laut aus. Ist der s-Laut stimmhaft, vibrieren deine Stimmbänder – und das kannst du fühlen! Solltest du mit der Hand nichts fühlen, ist der s-Laut stimmlos.

Übung 55

Setze in die Lücken jeweils einen oder zwei Buchstaben ein, damit ein sinnvoller Satz entsteht.

Damit die Erde auch für zukünftige Generationen erhalten bleibt, mü_____en dr_____ngend Ma_____nahmen für den Umweltschu_____ ergri_____en werden. Jede Person kann einen Beitra_____ leisten, indem sie beim Einkauf auf Nachhaltigkeit achtet. Es w_____re falsch zu glauben, dass man als Konsument*in nichts bew_____rken kann, de_____ die Nachfrage besti_____t das Angebot. Im Mo_____ent gibt es z. B. kaum Kleidungsstü_____e, die fair und nachhaltig hergeste_____t werden, was auch daran l_____gt, dass zu wenig Menschen bei _____rer Kaufentscheidung auf die Produktionsbed_____ngungen achten. Sobald sich das Kaufverhalten der Kundinnen und Kunden _____ndert, werden auch die Untern_____men gezwungen, die Produktion entsprechen_____ anzupa_____en.

Die Wörter „das" und „dass" unterscheiden

Bei den s-Lauten in den Wörtern „das" und „dass" handelt es sich um einen Sonderfall. Hier folgt die Schreibung ganz eigenen Regeln:

Auf einen Blick

Zwischen „das" und „dass" unterscheiden

das	„Das" kann dreierlei sein: • **Artikel** Artikel beziehen sich immer auf das nachfolgende Nomen. Auch dann, wenn zwischen Artikel und Nomen z. B. ein Adjektiv steht. *das Auto, das schöne Tier* • **Relativpronomen** Relativpronomen beziehen sich immer auf etwas zurück, das im zugehörigen Hauptsatz gerade erwähnt worden ist. *Ich freu mich sehr über das Auto, das Papa mir geschenkt hat.* → Du kannst *das* durch *welches* ersetzen. • **Demonstrativpronomen** Demonstrativpronomen (von *demonstrieren = zeigen*) zeigen auf Wörter, Wortgruppen oder auf einen ganzen Satz. Das Zeigen ist meist rückwärtsgewandt: Das, worauf sich ein Demonstrativpronomen bezieht, wurde in der Regel kurz vorher genannt. *Ich habe wirklich ein Auto geschenkt bekommen. Das hätte ich nie erwartet.* → Du kannst *das* durch *dieses/dies* oder *jenes* ersetzen.
dass	„Dass" ist immer eine **Konjunktion**, die einen **Nebensatz** einleitet. *Ich hätte nie erwartet, dass Papa mir ein Auto zum Geburtstag schenkt.* → Du kannst *dass* nicht durch ein anderes Wort ersetzen.

Übung 56

Entscheide: „das" oder „dass"? Bestimme anschließend die Wortart und trage als Abkürzung den jeweiligen Anfangsbuchstaben in die Klammer dahinter ein (**A**rtikel, **R**elativpronomen, **D**emonstrativpronomen, **K**onjunktion).

Bedeutet teuer auch gut?

Leider lässt sich ________ (____) nicht so einfach beantworten, da ________ (____) von vielen Faktoren abhängt. Es gibt keine Garantie dafür, ________ (____) ________ (____) zusätzliche Geld, ________ (____) wir z. B. für Markenkleidung ausgeben, auch bei den Näherinnen ankommt. Es ist viel mehr so, ________ (____) gerade die großen Modeketten einen hohen Prozentsatz ihres Umsatzes für die Marken- und Imagepflege ausgeben. Auch ________ (____) im Kragen eingenähte Etikett, auf dem z. B. die Herkunftsbezeichnung „Made in Spain" steht, lässt nicht erkennen, ob ________ (____) Unternehmen bei der Herstellung wirklich faire Löhne bezahlt. Denn ________ (____) bedeutet noch lange nicht, ________ (____) die ganze Produktion in Spanien stattfindet. ________ (____) Material, z. B. die Stoffe, aus dem ________ (____) T-Shirt geschneidert wird, können trotzdem in Bangladesch oder China gewebt, gefärbt oder zugeschnitten worden sein.

Groß- und Kleinschreibung

Auch wenn man grundsätzlich die meisten Begriffe kleinschreibt, gibt es einige Wörter, die du großschreiben musst.

Auf einen Blick

Diese Wörter musst du großschreiben

(1) Nomen	*der Schuh, die Tierhandlung, das Handy*
(2) Als Nomen verwendete Wörter	*das Blau, dein Lächeln*
(3) Satzanfänge	*Plötzlich musste er grinsen.*
(4) Eigennamen	*Sandra, Köln, der Schweizer Käse, das Rote Meer*
(5) Das erste Wort einer Überschrift/ eines Gliederungspunkts	*Grüne Marsmännchen endlich gelandet;* *2.2 Klimafreundliche Elektrogeräte*
(6) Höfliche Anredepronomen	*Ich danke Ihnen für Ihre zügige Antwort.*

Tipp

Woran erkennst du ein Nomen?

Es handelt sich um ein Nomen oder eine Nominalisierung, wenn …

- vor dem Wort ein **typisches Begleitwort** steht oder es sinnvoll ergänzt werden kann. Typische Begleiter sind Artikel (z. B. *das Abladen, ein Grinsen*), Demonstrativpronomen (z. B. *dieses Schimpfen, jenes Weinen*), Possessivpronomen (z. B. *mein Husten*), Indefinitpronomen (z. B. *viel Schönes, kein Zurück*), beschreibende Adjektive (z. B. *lautes Lachen*) oder Präpositionen (z. B. *bei Rot, ohne Wenn und Aber*).
- ein Wort eine **typische Nomenendung** hat. Diese Nomenendungen kommen am häufigsten vor: *Schön-heit, Übel-keit, Hinder-nis, Wert-ung, Gesell-schaft, Brauch-tum, Stad-ion* oder *Fremd-ling*.

Übung 57

1. Begründe die Großschreibung der unterstrichenen Wörter im nachfolgenden Text. Trage dazu die Nummer der passenden Regel in das Kästchen ein.

   Sehr ☐ geehrter Autor ☐,

   Ihr ☐ Artikel ☐ „Bedeutet ☐ teuer auch gut?“, hat mich zum Nachdenken ☐ angeregt. Bisher ☐ dachte ich, ich könnte mich darauf verlassen, dass die Kleidungsstücke ☐, auf denen ein europäisches Land ☐ als Herstellungsort ☐ angegeben ist, fair produziert werden. Ich ☐ bin der Auffassung ☐, die Europäische Union ☐ sollte dafür sorgen, dass nur dort Europa ☐ draufstehen darf, wo auch von Anfang ☐ an, d. h. vom Garn ☐ bis zum fertigen T-Shirt ☐, Europa ☐ drinsteckt. Das ☐ würde es auch beim Einkaufen ☐ erleichtern, auf Nachhaltigkeit ☐ und faire Löhne ☐ zu achten.

   Mit ☐ freundlichen Grüßen ☐

   Peter Müller ☐

2. Schreibe den Satz in der richtigen Groß- und Kleinschreibung auf. (→ Heft)
   MAN SOLLTE NICHT NUR DAS FÜR UND WIDER EINER EU-WEITEN REGELUNG ABWÄGEN, SONDERN NEBEN DEM OB UNBEDINGT AUCH DAS WIE DISKUTIEREN.

Zusammen- und Getrenntschreibung

Es ist nicht immer leicht zu entscheiden, ob zwei Wörter, die in einem Satz nebeneinanderstehen, getrennt oder zusammengeschrieben werden.

Folgende vier Grundregeln können dir dabei helfen:

Auf einen Blick

Das musst du in der Regel zusammenschreiben	
Komposita	Treffen diese Wortarten direkt aufeinander, musst du sie zusammenschreiben: **Nomen + Nomen** *Geldbörse, Haustür, Sackgasse …* **Nomen + Adjektiv** *gewaltbereit, mausetot, herzensgut …* **Nomen + Adverb** *bergab, flussaufwärts, landeinwärts …* **Verb + Nomen** *Wanderstiefel, Hörspiel, Gefriertruhe …* **Adverb + Verb** *weglaufen, entlanggehen, weitermachen …* **Präposition + Verb** *aufessen, vorlesen, nachmachen …*
Das musst du in der Regel getrennt schreiben	
Verb + Verb	Stehen zwei Verben hintereinander, schreibst du sie getrennt, z. B. *Lass uns später spazieren gehen.* **Ausnahme:** Wenn die beiden Verben zusammen als Nomen verwendet werden, musst du sie zusammenschreiben, z. B. *Beim Spazierengehen traf er Nadine.*
Nomen + Verb	Folgt auf ein Nomen ein Verb, schreibst du die beiden Wörter getrennt, z. B. *Wir könnten heute Nachmittag Fußball spielen.* **Ausnahme:** Wenn Nomen und Verb zusammen ein Nomen bilden, musst du sie zusammenschreiben, z. B. *Das Fußballspielen macht ihm großen Spaß.*
Adjektiv + Verb	Steht nach einem Adjektiv ein Verb und das Adjektiv lässt sich steigern, musst du die beiden Wörter getrennt schreiben, z. B. *laut singen → lauter singen, schnell sprechen → schneller sprechen.* **Ausnahme:** Wenn Adjektiv und Verb zusammen eine besondere Bedeutung haben, musst du sie zusammenschreiben, z. B. *schwarzarbeiten, krankschreiben.*

Übung 58

1. Prüfe, ob die folgenden Aussagen eine wörtliche oder eine besondere Bedeutung haben. Streiche zuerst die falsche Variante durch und notiere danach einen Beispielsatz für die jeweils andere Schreibweise. (→ Heft)
   a) Die Hersteller wollen alle Anklagepunkte *schön reden/schönreden.*
   b) Der Anwalt hat seine Rede vor Gericht *frei gesprochen/freigesprochen.*
   c) Die Entscheidung ist den Richtern aber *schwer gefallen/schwergefallen.*

2. Markiere in der Wortschlange alle Worttrennungen durch einen Strich.

DIE | POLITIKMUSSSICHSCHNELLSTMÖGLICHMITDEMTHEMAD
ERNACHHALTIGKEITINDERTEXTILINDUSTRIEAUSEINANDER
SETZEN.ABERAUCHDIEKONSUMENTENSOLLTENSICHBEWUSS
TMACHEN,WIEVIELSIEDURCHEINENVERANTWORTUNGSVO
LLENKLEIDUNGSKAUFBEWIRKENKÖNNEN.EINENAHELIEGEN
DEMÖGLICHKEITWÄRE,BEIMNÄCHSTENEINKAUFAUFDIEEN
TSPRECHENDENNACHHALTIGKEITSSIEGELACHTZUGEBEN.

25.2 Kommasetzung

Kommas dienen dazu, einen Text **optisch** und **inhaltlich** zu **gliedern**. Diese Untergliederung hilft dabei, die Sinnzusammenhänge leichter zu verstehen. Die nachfolgenden Regeln unterstützen dich dabei, Kommas richtig zu setzen.

Auf einen Blick

Wann musst du Kommas setzen?		
Aufzählung	Das Komma trennt die Glieder einer **Aufzählung** (Einzelwörter, Wortgruppen, ganze Sätze). Die Wörter *und, oder* und *sowie* ersetzen das Komma, das dann entfällt.	*Elsa betrat zuerst die Bahnhofshalle**,** dann das Gleis **und** schließlich den Zug.*
Gegensatz	Das Komma trennt **Gegensätze**. Du erkennst diese an Konjunktionen wie *aber, doch* und *sondern*.	*Sie ging nicht direkt in ihr Abteil**, sondern** zuerst in den Speisewagen.*
Kennzeichen von Satzgrenzen	Das Komma trennt folgende Sätze voneinander: • **Hauptsatz** + **Hauptsatz** In einer **Satzreihe** aufeinanderfolgende Hauptsätze werden durch Kommas getrennt, wenn die Satzgrenze nicht so stark hervorgehoben werden soll. • **Hauptsatz** + **Nebensatz** Haupt- und Nebensätze, die ein **Satzgefüge** bilden, werden durch Kommas voneinander getrennt. Bei eingeschobenen Nebensätzen muss vor und nach dem Nebensatz jeweils ein Komma stehen.	*Die Zugfahrt dauerte lange**,** sie war sehr anstrengend.* *Als Elsa endlich ankam**,** war sie sehr erschöpft. Elsa**,** die während der Fahrt kein Auge zugetan hatte**,** gähnte herzhaft.*
Infinitiv- und Partizipgruppen	Bei **Infinitivgruppen** (zu + Infinitiv + ggf. nähere Bestimmung) und **Partizipgruppen** (Partizip + nähere Bestimmung) muss immer dann ein Komma gesetzt werden, wenn sie … • von einem **Nomen abhängig** sind. • durch **bestimmte Konjunktionen** eingeleitet werden: *als, (an)statt, außer, ohne, um.* • durch ein **hinweisendes Wort** angekündigt oder wiederaufgegriffen werden.	*Sie hatte nur noch den **Wunsch,** endlich zu schlafen. Elsa ließ ihren Blick schweifen**, um** nach ihrer Nichte Ausschau zu halten. **Dann,** ihre Müdigkeit vergessend**,** entdeckte sie ihre Nichte am Bahnsteig.*
nachgestellte Erläuterung	Das Komma trennt **nachgestellte Erläuterungen** vom vorangehenden Hauptsatz ab. Wenn eine Erläuterung (z. B. eine Apposition) in einen Hauptsatz **eingeschoben** ist, wird sie vorne und hinten durch Kommas abgetrennt.	*Elsa hatte sie lange nicht mehr gesehen**,** nämlich zehn Jahre. Ihre Nichte**,** eine hübsche junge Frau**,** umarmte sie freudig:*
Anrede	Das Komma trennt die **Anredeformel** und den Namen.	*„Tante Elsa**,** herzlich willkommen!“*

1. Erkläre kurz, weshalb die Kommas in den folgenden beiden Sätzen unterschiedlich gesetzt werden. **Übung 59**

Schüler sagen, Lehrer hätten es gut. *Schüler, sagen Lehrer, hätten es gut.*

___

___

2. Füge im nachfolgenden Text die **10 notwendigen Kommas** ein und notiere am Rand die passende Begründung. Verwende dazu folgende Begriffe:

Aufzählung • Gegensatz • Satzreihe • Satzgefüge • Infinitiv • Erläuterung • Anrede

Ich kann den Markenwahn vor allem vieler	______________
Jugendlicher nicht verstehen das will ich	______________
auch nicht. Es ist meiner Ansicht nach nicht	______________
wichtig ob z. B. Adidas Nike oder gar nichts	______________
auf einem T-Shirt steht sondern vielmehr	______________
die Qualität und Passform der Kleidung. Ich	______________
habe mir vorgenommen zukünftig auch	______________
darauf zu achten dass bei der Produktion	______________
weder die Umwelt belastet wird noch die	______________
Arbeiter*innen ausgebeutet werden. Das	______________
sollten wir alle tun auch du liebe*r Leser*in.	______________

Es ist besser, sich bei der Kommasetzung von **Regeln**, statt vom eigenen Gefühl leiten zu lassen. Denn wer Kommas nach Gefühl setzt, orientiert sich am **Hören** und fügt sie dort ein, wo er beim Sprechen eine Pause macht oder die Stimme senkt. Allerdings macht man mehr Sprechpausen, als man Kommas setzen darf. Beachte deshalb stets die folgende **Grundregel:**

▸ **Kommas dürfen keine Satzglieder vom Rest des Satzes trennen.**

Beispiel

Jeden Morgen um sieben Uhr | klingelt bei Elsa der Wecker.
Nach der Wortgruppe *Jeden Morgen um sieben Uhr* macht man zwar eine kleine Sprechpause, aber man darf kein Komma setzen. Es handelt sich dabei nämlich um eine Zeitangabe (Temporaladverbial) und damit um ein Satzglied.

Tipp

Wie kannst du prüfen, ob es sich um ein Satzglied handelt?
Prüfe, ob **Subjekt** und **Prädikat** enthalten sind. Ist das der Fall, handelt es sich um einen Satz und du darfst ein Komma setzen. Fehlt beides, hast du es nur mit einem Satzglied zu tun.

Übung 60

Im folgenden Text hat sich die Schreiberin oder der Schreiber beim Setzen der Kommas an Sprechpausen orientiert. Daher sind ihr oder ihm **einige Kommafehler** unterlaufen. Kreise im Text alle falsch gesetzten Kommas ein.

In den Medien, wurde in letzter Zeit, immer wieder, über erneuerbare Energien, oder den nachhaltigen Anbau von Lebensmitteln berichtet. Deshalb sind die Menschen, relativ gut darüber informiert. Bei der Textilindustrie, sieht die Sache anders aus. Man erfährt nur dann etwas über die Produktionsbedingungen, wenn es zu einer Katastrophe mit vielen Todesopfern kommt, so wie 2013 in Bangladesch, als eine Textilfabrik einstürzte. Laut Angaben von Menschenrechtlern, herrschen dort noch immer unwürdige Arbeitsbedingungen. Nach anfänglichem Zögern, zieht daraus auch der deutsche Textilhandel Konsequenzen.

▶ Übungsaufgaben im Stil der Abschlussprüfung

Übungsaufgaben im Stil der Abschlussprüfung

Übungsaufgabe 1: Materialgestütztes Argumentieren

Der demografische Wandel in Deutschland ist zu einem wichtigen Thema geworden. Erörtere die Ursachen des demografischen Wandels und stelle wesentliche Folgen für unsere Gesellschaft dar.

Hinweis: Gehe zur Bearbeitung des Themas zunächst das vorliegende Material durch und überlege dir, welche Informationen du für den Aufsatz verwerten kannst. Das Material dient zur Ergänzung deiner eigenen Ideen für die Stoffsammlung. Falls du Textstellen wörtlich übernimmst bzw. angegebene Daten oder Aussagen verwendest, musst du diese im Aufsatz als Zitate kennzeichnen. Nimm nach der Fertigstellung deines Aufsatzes die Checkliste von Seite 45 zur Hand und überarbeite deinen Text.

Materialien

Demografischer Wandel

Material 1

Der **demografische Wandel** beschreibt die Tendenzen der Bevölkerungsentwicklung, und zwar die Veränderungen bezüglich

- der Altersstruktur der Bevölkerung,
- des quantitativen Verhältnisses von Männern und Frauen,
- der Anteile von Inländern, Ausländern und Eingebürgerten an der Bevölkerung,
- der Geburten- und Sterbefallentwicklung,
- der Zuzüge und Fortzüge.

Quelle: frei nach http://de.wikipedia.org/wiki/Demografischer_Wandel_in_Deutschland (leicht verändert)

Bevölkerungsentwicklung

Material 2

Anteile der Altersgruppen unter 20, ab 65 und ab 80 Jahren in Deutschland, 1871 bis 2060*

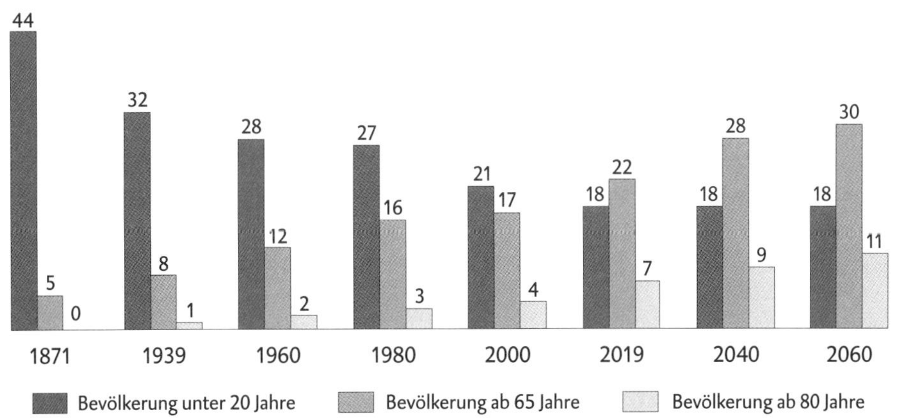

* Stand 2019; ab 2020: Ergebnisse der 14. koordinierten Bevölkerungsvorausberechnung des Bundes und der Länder.

Quelle: Statistisches Bundesamt, Berechnungen: BIB, © BIB 2019

Material 3

Kosten der Pflege könnten sich künftig verdoppeln

Weite Wege zu Ärzten, Groß-Krankenhäuser, Wegfall kostenloser Leistungen: Laut einer Studie wird sich das Gesundheitssystem radikal ändern – wegen hoher Pflegekosten.

Weiterhin werde sich der Bedarf an Pflegeheimplätzen bis 2060 von derzeit 845 000 Plätzen auf rund 1,95 Millionen mehr als verdoppeln. Die Ausgaben der Pflegeversicherung werden demnach zwischen 2009 und 2060 allein aufgrund der Bevölkerungsentwicklung von 19,7 auf 41,6 Milliarden Euro steigen.

Quelle: www.welt.de/wirtschaft/article111852271/Kosten-der-Pflege-koennten-sich-kuenftig-verdoppeln.html

Material 4

Haushaltsgröße

Haushaltsgrößen in Deutschland (in Prozent)

	Einpersonen-haushalte …	Haushalte mit 2 Personen …	Haushalte mit 3 Personen …	Haushalte mit 4 Personen …	Haushalte mit 5 und mehr Personen …
1900	7	15	17	17	44
1925	7	18	23	20	33
1970	25	27	20	15	13
1991	34	31	17	14	5
2015	41	34	12	9	3
2020	42	34	12	9	3
2040*	45	33	10	8	3

eventuelle Abweichungen in den Summen sind rundungsbedingt
* Ergebnisse der Haushaltsvorausberechnung 2020

Quelle: © Statistisches Bundesamt (Destatis), 2020

Demografischer Wandel: Ursachen

Material 5

Demografie-Forscher gehen davon aus, dass Deutschland in 50 Jahren rund 17 Millionen Einwohner weniger haben wird als heute.
Frauen bekommen ihr erstes Kind heute wesentlich später als noch vor einigen Jahren. Zudem steigt die Anzahl kinderloser Frauen. Mädchen und Frauen möchten oft erst ihre Ausbildung oder ihr Studium zu Ende bringen und einige Jahre Berufserfahrung sammeln, bevor sie eine Familie gründen [...].

Lebenserwartung
Die Lebenserwartung bei Geburt ist im Zusammenhang mit dem demografischen Wandel der zentrale Indikator, um den Trend hin zu einem immer längeren Leben auszudrücken. Dieser langfristige Trend ist bereits seit Beginn der statistischen Aufzeichnungen zum Ende des 19. Jahrhunderts zu beobachten. Seitdem hat sich die Lebenserwartung Neugeborener mehr als verdoppelt. Maßgebliche Gründe hierfür sind Fortschritte in der medizinischen Versorgung, Hygiene, Ernährung und Wohnsituation, verbesserte Arbeitsbedingungen und gestiegener Wohlstand.

Nach den Ergebnissen der Sterbetafel 2018/2020 beträgt die Lebenserwartung neugeborener Jungen 78,6 und die der Mädchen 83,4 Jahre. [...]

Quellen: Gabriele Nachtwey, www.altersvorsorge-mit-navigation.de/demographischer-wandel-ursachen/;
© Statistisches Bundesamt (Destatis), 2022

Kranken- und Pflegeversicherung, Rentenversicherung

Material 6

[...] Der demografische Wandel wird bei der gesetzlichen Krankenversicherung sowie bei der Pflegeversicherung dazu führen, dass die Zahl der Beitragszahler immer weiter sinken wird. In zwanzig bis dreißig Jahren werden mehr Menschen zwischen 60 und 80 Jahre alt sein als zwischen 20 und 40. Bei einem 60-Jährigen sind die **Gesundheitsausgaben** im Vergleich zu denen eines 20-Jährigen im Durchschnitt mehr als doppelt so hoch. Zudem werden die Menschen auch immer älter werden. Ein Anstieg der Ausgaben ist daher unvermeidbar [...]

Gesetzliche Rentenversicherung
Die [...] gesetzliche Rentenversicherung steht in Anbetracht der gravierenden Veränderungen in der Altersstruktur der Bevölkerung vor dem Kollaps und wird zukünftig nicht in der Lage sein, eine ausreichende Versorgung der Bevölkerung im Ruhestand zu gewährleisten.
100 Menschen im Erwerbsalter (von 20 bis 59 Jahren) stehen aktuell 44 Personen im Rentenalter (ab 60 Jahren) gegenüber. Dieser Wert wird sich nach einer Prognose des Statistischen Bundesamtes bis zum Jahr 2050 auf 78 erhöhen. Diese Entwicklung hat natürlich Einfluss auf die Sicherheit der Renten. Das derzeitige Versorgungsniveau von mindestens 80 % des letzten Nettogehalts kann durch die Leistungen der gesetzlichen Rentenversicherung nicht mehr annähernd erreicht werden.

Quelle: www.foerderland.de/mittelstand/demographischer-wandel/

Material 7

Aktuelle Entwicklung der Geburtenrate in Deutschland

[...] Die Entwicklung der Geburtenzahlen hängt ab von der Anzahl der potenziellen Mütter sowie von der Geburtenrate, auch zusammengefasste Geburtenziffer genannt. Die Geburtenrate eines Jahres gibt an, wie viele Babys im Durchschnitt eine Frau im Laufe ihres Lebens bekommen würde, wenn die Verhältnisse dieses Jahres unverändert blieben. In Deutschland lag die Geburtenrate 2020 bei 1,53 Kindern pro Frau. Damit ist sie – nach einem kurzen Anstieg zwischen 2014 und 2016 – das vierte Jahr in Folge gesunken. In Ostdeutschland war die Geburtenrate 2020 etwas niedriger als in Westdeutschland. Bei den Frauen mit deutscher Staatsangehörigkeit blieb die Geburtenrate auf dem Niveau des Vorjahres, bei den Frauen mit ausländischer Staatsangehörigkeit sank sie leicht. Mit dieser Geburtenrate liegt Deutschland im EU-Durchschnitt (2019: 1,53 Kinder pro Frau).

Quelle: © Statistisches Bundesamt (Destatis), 2022

Material 8

Hitzefrei?!

Quelle: HSB-Cartoon/toonpool.com

Auswirkungen des demografischen Wandels auf die Wirtschaft

Material 9

Prognos-Studie Demografischer Wandel: Deutschland fehlen bald 2,9 Millionen Arbeitskräfte

Obwohl durch die Digitalisierung Jobs wegfallen, werden laut einer neuen Studie in den kommenden Jahren Millionen Arbeitskräfte fehlen. Schuld daran ist der demografische Wandel.

Berlin. Der Mangel an qualifiziertem Personal ist für viele Unternehmen schon heute das Geschäftsrisiko Nummer eins. Und in den kommenden Jahren deutet sich kaum Entspannung an – im Gegenteil.

Im Jahr 2025 werden nach einer neuen Studie des Wirtschaftsforschungsinstituts Prognos für die Vereinigung der Bayerischen Wirtschaft (vbw) 2,9 Millionen Fachkräfte am deutschen Arbeitsmarkt fehlen. Weil die Babyboomer-Generation Zug um Zug aus dem Arbeitsleben ausscheidet, wird die Lücke 2031 mit 3,6 Millionen fehlenden Fachkräften ihren Höhepunkt erreichen und sich danach wieder ein wenig schließen. […]

Quelle: Frank Specht: Demografischer Wandel: Deutschland fehlen bald 2,9 Millionen Arbeitskräfte, Handelsblatt vom 01. 03. 2019, https://www.handelsblatt.com/politik/deutschland/prognos-studie-demografischer-wandel-deutschland-fehlen-bald-2-9-millionen-arbeitskraefte/24051454.html?ticket=ST-626588-LB1b9KkwfaXp5NNXb2QA-ap6

Fachkräftemangel

Material 10

Quelle: Falko Honnen

Übungsaufgabe 2: Erschließen eines pragmatischen Textes

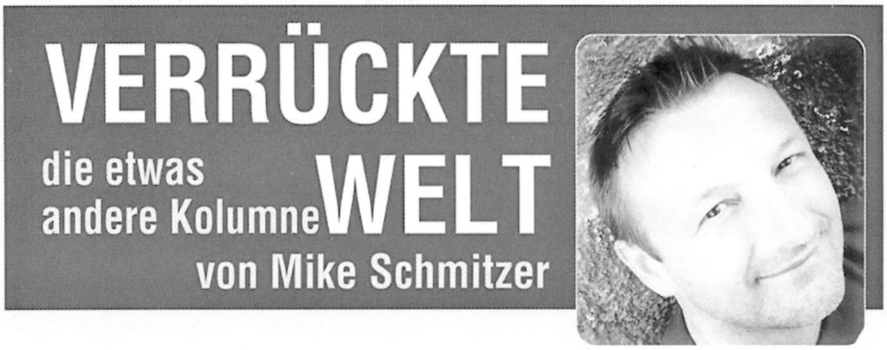

Der Mann – Unfall der Natur

In Australien gibt es nicht nur Kängurus und große rote Felsen, sondern auch Wissenschaftlerinnen. Wer hätte das gedacht? Eine dieser Wissenschaftlerinnen, eine gewisse Jenny Graves, will herausgefunden haben, dass das Y-Chromosom in der männlichen DNA totaler Schrott ist und wir Männer nur ein Unfall der Natur sind – ein Ausrutscher der Evolution.

Im ersten Moment habe ich den Artikel mit einem Kopfschütteln beiseitegelegt, doch je mehr ich darüber nachdenke, umso wahrscheinlicher erscheint mir diese These. Die Hinweise sind ja mehr als offenkundig:

1. Männer sehen schlecht

Ein Mann kann minutenlang in den Kühlschrank hineinstarren, er wird die Lätta oder was auch immer dennoch nicht entdecken. Eine Frau muss nur einmal kurz hineinblicken und schon fischt sie das Gesuchte heraus. Männer können zudem sehr schlecht weibliche Gesichter erkennen, wenn sich darunter ein ausladendes Dekolleté befindet.

2. Männer hören schlecht

Das männliche Gehör arbeitet nur selektiv. Für nächtliches Babygeschrei ist das männliche Ohr überhaupt nicht aufnahmebereit, weshalb sich das weibliche Elternteil aufrappeln muss, um das Kind zu beruhigen. Auch ist das männliche Ohr nicht in der Lage, Sätze auszuwerten wie: „Schatz, schiebst du die blaue Tonne in die Einfahrt?" oder „Könntest du deine getragenen Socken und Unterhosen bitte in den Wäschekorb werfen und nicht fallen lassen, wo du gehst und stehst?!"

Sehr gut funktioniert hingegen der männliche Gehörgang vor der Surround-Anlage. Hier vermag der männliche Zuhörer auch noch so feine Soundeffekte zu vernehmen, vor allem wenn diese „von hinten" kommen.

3. Männer sind empfindlicher

Endlich gibt es eine Erklärung dafür, warum Männer bei Krankheit viel schlimmer leiden als Frauen: Das schrottige Y-Chromosom ist schuld. Frauen haben ja leicht reden, mit ihrer kerngesunden Super-DNA. Jeder Schnupfen, jede Erkältung nimmt bei uns Männern einen extrem dramatischen Verlauf, einhergehend mit Schmerzen, die sich eine Frau überhaupt nicht vorstellen kann – die Frau vermutlich überhaupt nicht in der Lage wäre auszuhalten. Nicht einmal ansatzweise.

4. Männer entwickeln sich komisch

Den letzten Beweis dafür, dass der Mann nur ein Ausrutscher der Natur ist, liefert er selbst. Die DNA-Schwäche macht sich bei den meisten Männern schon mit Mitte 20 durch Haarausfall am Oberkopf bemerkbar.

Mit 35 wachsen dem Mann dafür vereinzelt Haarbüschel am Rücken, und er sieht aus wie ein Menschenaffe nach dem Waldbrand. Mit 38 verdichten

sich die Haarbüschel auf dem Rücken zu einem flaumigen Teppich. Frauen versuchen bei Intimitäten eine Berührung desselben zu vermeiden, Kinder zeigen im Schwimmbad mit dem Finger auf das Haarmonster und wollen nicht im selben Wasser schwimmen.
Mit 40 sprießen die Haare auch aus den Ohren. Außerdem hat der durchschnittliche Mann seit seinem 20sten Geburtstag pro Lebensjahr ein Kilo zugelegt und seinen ersten Bandscheibenvorfall hinter sich.
Mit 45 folgt ein kurzes letztes Aufbäumen, das zumeist einhergeht mit einer Diät, dem Erwerb eines Sportflitzers, einer Mitgliedschaft im Fitnessstudio und einer Liaison mit einer 25-Jährigen.
Jetzt wissen wir: Männer können nichts dafür. Sie sind nur ein Unfall der Natur …

Mike Schmitzer,
Redaktionsleiter Wochenblatt Altötting

Quelle: Wochenblatt Altötting vom 09. 04. 2013; Foto: © Mike Schmitzer

Aufgaben

Lies den Text „Der Mann – Unfall der Natur“ sorgfältig durch und bearbeite dann die folgenden Aufgaben.

1. Fasse den Inhalt des Textes so zusammen, dass auch sein Aufbau deutlich wird.
2. Beschreibe die auffälligen sprachlichen Mittel und deren Wirkung.
3. Ordne den Text einer Textsorte zu und begründe deine Zuordnung anhand wesentlicher Merkmale der Textsorte.
4. Der Text setzt sich mit unterschiedlichen Eigenschaften und Rollen der Geschlechter auseinander. Begründe aus deiner Sicht, wie dennoch eine erfolgreiche partnerschaftliche Beziehung geführt werden kann (etwa 250 Wörter).
5. Der Autor beschreibt in seinem Text vermeintliche Schwächen der Männer. Verfasse einen humorvollen Gegentext zu seinem Artikel, in dem du umgekehrt angebliche Schwächen der Frauen darstellst.

Hinweis: Nimm nach der Fertigstellung deines Aufsatzes die Checkliste von Seite 108 zur Hand und überarbeite deinen Text.

Übungsaufgabe 3: Erschließen eines literarischen Textes

Der Roman „Geboren 1999" handelt von der Suche eines Jungen nach seinen leiblichen Eltern. Nach mühevollen Recherchen begreift er die erschreckende Wahrheit: Er ist künstlich gezeugt worden und als Embryo in einer Maschine – statt im Uterus seiner Mutter – herangewachsen. Der folgende Abschnitt erzählt davon, wie er seine „Leihmutter" erstmals zu sehen bekommt.

„Geboren 1999" (Romanauszug)

CHARLOTTE KERNER

Ende der Suche: Erkennen

Die Glasscheibe, die Karl immer noch von ihr trennt, spiegelt die schwarzen Buchstaben wider, die auf dem blauen Besucherkittel genau über seiner Brust stehen: AU III. Das ist die Abkürzung für „Artificial Uterus III"[1]. Hier fing es an, hier fing er an. Karl sieht sie durch das beschlagene Glas, seine Mutter, die Maschine, diese Maschinenmutter. Dort steht sie, in sanftes Licht getaucht.

Meine Mutter ist eine Maschine. Ich bin ein Maschinenkind.

Er möchte aufschreien, sich dieses Bild von der Seele schreien. Hier steht er, der erste Maschinenmensch, geboren 1999.

„Seht her, ich bin's", möchte er rufen. „Man nennt mich den Kalten Karl. Zu Recht wohl, die Schraube fällt nicht weit von der Maschine."

Karl schließt die Augen. Er will diese Mutter nicht mehr sehen. Aber wie unter Zwang öffnet er seine Augen wieder und starrt durch das Glas. Vielleicht sehen sie sich ähnlich? Mutter und Kind sehen sich doch ähnlich, manchmal wenigstens.

Aber vielleicht hat er die ganze Zeit die Falsche angeschaut, nur weil sie zufällig der Glasscheibe am nächsten stand. Rechts und links und hinten im fahlen Licht blinken noch drei weitere Maschinen. Aber welche von den vieren war es? Eine Maschine sieht aus wie die andere. Welche hat ihn ausgetragen? Sie ignorieren den Besucher einfach, ihn, der ihr leiblicher, präziser: maschinen-leiblicher Sohn sein könnte.

Aber wenigstens er, als ihr menschliches Produkt, müsste sie doch unter den vieren herausfinden, seine Mama-Maschine.

Karl betrachtet wieder die Maschine, die ihm am nächsten steht. Sie sieht genauso aus, wie es in der Akte stand, die er heute Morgen gelesen hat. Die neue Zeit der Supermütter, die Zeit der Muttermaschinen ist längst angebrochen. Sein Blick tastet jedes Detail dieser Gebärerin ab.

Das Wichtigste an ihr ist natürlich der Bauch, gefertigt aus stufenlos dehnbarem Kunststoffmaterial. Er hat die Form eines eiförmigen Balles, länglich und rund zugleich. Als er als Achtzeller hineinkam, hatte der künstliche Uterus, so hatte Karl gelesen, gerade einen Umfang von fünfzehn Zentimetern. Als er nach neun Monaten herauskam, war die elastische Kugel auf einen Umfang von neunzig Zentimetern angewachsen.

Die Bauchwand ist nicht dünn und glasklar, eher trübe und dick, aber trotzdem durchsichtig. Karl sieht – wie in einem Aquarium leicht vergrößert und etwas verzerrt – ein kleines Kind darin schwimmen. Es füllt den Plastikbauch ganz aus, seine Arme, Beine und der Kopf sind gut zu erkennen. So hat auch er sich einmal in diesem Apparat gekrümmt, Beine und Arme angezogen.

Der Anblick des Fötus überwältigt Karl und macht ihn ruhiger. Hier wächst ein neuer Mensch, und das ist auch etwas Schönes, etwas Großartiges.

Der Fötus, der etwa fünfzehn Zentimeter misst, ist ein Junge, Karl hat den kleinen Penis entdeckt. Und dann sieht er sich selbst, wie er mit angewinkelten Armen und Beinen in diesem Bauch kauert. Dort ist auch er herangewachsen, hat zum ersten Mal getastet und gerochen, gestrampelt und getrunken, gefühlt und gedacht.

1 *künstliche Gebärmutter*

Ein seltsames Gefühl steigt in ihm hoch. Empfindet er so etwas wie Dankbarkeit und Zuneigung sogar zu dieser Mutter?

Er schüttelt den Kopf, schüttelt dieses abstruse Gefühl ab. Wie hat er nur vergessen können, was sie ist. Dafür sieht er sie jetzt umso klarer, eine bittere Einsicht.

Sie ist eine seelenlose Maschine.

Und niemand kann eine Maschine lieben.

Aus dem Maschinenbauch heraus wie in das durchsichtige Gehäuse hinein führen zahlreiche Kabel und Schläuche. Sie führen zu Apparaten, die aussehen wie Computer. Diese überwachen die Versorgung des Kindes über die Nabelschnur und messen die Temperatur und analysieren die Zusammensetzung des Fruchtwassers, von dem das Kind ab und zu kleine Schlückchen trinkt. Werden Grenzwerte unterschritten, geben automatische Spritzen die fehlenden Nährstoffe hinzu. Bei Bedarf wärmen kleine, hoch spezialisierte Tauchsieder die Flüssigkeit nach, so dass die Temperatur immer konstant 37 Grad beträgt. Ohne die richtige Temperatur funktioniert die Maschine nicht, aber ohne menschliche Wärme schon.

Der Bauch, der ganz mit Flüssigkeit gefüllt ist, hängt in einem wannenförmigen ausgepolsterten Gestell. Diese High-Tech-Wiege umschließt den unteren Teil des Bauches. Auf Knopfdruck führt das Gestell verschiedene programmierte Bewegungen aus: Der Bauch, der an zwei Aufhängepunkten befestigt ist, kann hin und her schaukeln oder nur auf einer Seite aufgerichtet werden. Alles natürlich mit unterschiedlichen Geschwindigkeiten und in unterschiedlichem Rhythmus. Die Kleinen brauchen schließlich Bewegungsanreize, damit sich ihr Gleichgewichtsorgan richtig entwickelt. Die Bewegungsprogramme für Mutter und Kind sind vielfältig, stand in der Akte. Angeboten werden zum Beispiel die Programme Mutter-steigt-Treppe-hinunter, Schlendern-bis-Laufen und Im-Kreis-Drehen-und-Bücken. Ein Programm hätten sie noch erfinden und bei ihm ablaufen lassen sollen: Rennen-bis-zum-Abort[2]. Dann wäre er rechtzeitig ausgestoßen und nicht geboren worden, dann hätte er sie nie kennen lernen müssen, dann stünde er jetzt nicht hier.

Vier Lautsprecher sind von verschiedenen Seiten auf den Bauch gerichtet. Der Kleine braucht akustische Reize, damit er hören lernt. Damit er die Welt später verstehen kann. Karl selbst will, aber kann sie noch nicht verstehen.

Aus den Lautsprecherboxen erklingen in wohl dosierten Abständen, nicht zu leise oder zu laut, verschiedene Musikstücke von Klassik bis Pop, alle Arten von Geräuschen und – auf keinen Fall zu vergessen – menschliche Stimmen.

Die Menschen darf man nie vergessen, zumindest ihre Stimmen nicht.

Vielleicht lauscht der Kleine gerade den Stimmen von Mutter und Vater? Hat er überhaupt Eltern, genauer, richtige Eltern? Oder ist der kleine Junge hier vielleicht doch ein geklonter Karl, der siebzehn Jahre tiefgekühlt geschlummert hat? Sieht er ihm nicht etwas ähnlich?

Die kurze Ruhe, die er beim Betrachten des Kindes empfindet, weicht einer tiefen Angst. [...]

2 *Schwangerschaftsabbruch, Fehlgeburt*

Quelle: Charlotte Kerner: Geboren 1999: Eine Zukunftsgeschichte. Beltz & Gelberg Verlag, Weinheim/Basel/Berlin 1995 (1. Auflage: 1989), S. 142–145.

Informationen zur Autorin

Charlotte Kerner, geboren 1950 in Speyer, studiert in Mannheim Volkswirtschaft und Soziologie. Sie arbeitet zunächst in einem stadtsoziologischen Forschungsprojekt und ist seit 1979 nur noch schreibend tätig. Neben ihren Frauenbiografien hat sie sich schriftstellerisch besonders durch ihre Zukunftsgeschichten, wie z. B. „Blueprint – Blaupause" und „Geboren 1999", hervorgetan.

Aufgaben

Lies den Textausschnitt sorgfältig durch und bearbeite dann die folgenden Aufgaben.

1. Fasse den Inhalt des Textes zusammen.
2. Beschreibe die auffälligen sprachlichen Mittel und deren Wirkung.
3. Charakterisiere die Hauptfigur Karl. Gehe dabei auch auf seine Gedanken und Gefühle bei der ersten Begegnung mit seiner „Leihmutter" ein.
4. Karl vermutet, dass der Junge in der Gebärmaschine ein Klon von ihm sein könnte (vgl. Z. 78/79). Anders als im Roman wurden in der Realität bisher noch keine Menschen geklont. Es gibt sowohl Gründe, die dafür- als auch solche, die dagegensprechen, Menschen zu klonen. Lege einen Standpunkt fest und erörtere diesen (etwa 250 Wörter).
5. „Sie ignorieren den Besucher einfach, ihn, der ihr leiblicher, präziser: maschinen-leiblicher Sohn sein könnte." (Z. 17/18) In der Hoffnung, der Mutter-Maschine doch noch eine Reaktion zu entlocken, spricht Karl seine Gedanken laut aus. Er teilt ihr mit, wie er sich fühlt und was er sich eigentlich von einer Mutter wünschen würde. Schreibe diesen Monolog.

Hinweis: Nimm nach der Fertigstellung deines Aufsatzes die Checkliste von Seite 108 zur Hand und überarbeite deinen Text.

Informationen des ISB Bayern

Weiterentwicklung der schriftlichen Abschlussprüfung im Fach Deutsch ab dem Schuljahr 2022/23

Ab dem Schuljahr 2022/23 wird den Schülerinnen und Schülern in der schriftlichen Abschlussprüfung aus den folgenden **drei Aufgabenbereichen** jeweils ein Thema zur Auswahl gestellt:

I. Materialgestütztes Argumentieren
II. Erschließen eines pragmatischen Textes
III. Erschließen eines literarischen Textes

Die Schülerinnen und Schüler bearbeiten das ausgewählte Thema in der zur Verfügung stehenden Arbeitszeit von 240 Minuten. Als Hilfsmittel ist ein Rechtschreibwörterbuch zugelassen.

Das Prüfungsbeispiel soll die weiterentwickelte Konzeption lediglich exemplarisch veranschaulichen. Es versteht sich von selbst, dass die konkrete Ausgestaltung der Aufgabenbereiche sowie Aufgabenstellungen und -formulierungen variabel sind.

Zu I. Materialgestütztes Argumentieren

In diesem Aufgabenbereich erörtern die Schülerinnen und Schüler sachlich fundiert und überzeugend ein Thema mithilfe unterschiedlicher vorgegebener Materialien (z. B. umfangreichere Auszüge aus journalistischen Texten, Büchern, Internetseiten, Schaubilder, Diagramme), die auf drei Seiten dargeboten werden, und beziehen dabei auch ihr eigenes Wissen sowie eigene Erfahrungen mit ein. Die Anfertigung einer gesonderten Gliederung ist erforderlich.

Zu II. Erschließen eines pragmatischen Textes

In diesem Aufgabenbereich setzen sich die Schülerinnen und Schüler mit einem pragmatischen Text (z. B. Bericht, Reportage, Kommentar, Glosse) auseinander, den sie anhand von fünf Aufgabenstellungen erschließen:

1. **Inhaltszusammenfassung unter Berücksichtigung des Aufbaus des Textes**
2. **Untersuchen und Reflektieren der Sprache des Textes**
   Dies kann mit Blick auf den gesamten Text, einen bestimmten Textabschnitt, eine vorgegebene Anzahl sprachlicher Mittel/Auffälligkeiten oder ausgehend von einer vorgegebenen These (z. B.: „Jemand behauptet, der Verfasser schreibe in einer sehr anspruchsvollen Sprache. Welche Textbelege lassen sich für und welche gegen diese Behauptung anführen? Gehen Sie dabei auch auf die Wirkung der jeweiligen sprachlichen Mittel ein.") erfolgen.
3. **Erschließen einer weiteren Besonderheit des Textes (z. B. Textsorte, mögliche Verfasserabsichten, Zielgruppen)**
   Um dem Besonderen des jeweiligen Textes gerecht zu werden, können Aufgabenstellungen dabei einen entsprechend textspezifischen Zuschnitt erhalten oder auch verschiedene Aspekte kombinieren (z. B.: „Weisen Sie nach, dass es sich um einen subjektiven, meinungsbetonten Text handelt. Berücksichtigen

Sie dabei auch die möglichen Absichten des Verfassers." / „Was spricht dafür, den Text als Reportage einzuordnen, was dagegen? Begründen Sie.").

4. **Begründete Stellungnahme (ca. 250 Wörter) zu einer Aussage des Textes oder einer Frage- bzw. Problemstellung, die der Text aufwirft**
5. **„Offenerer" Schreibauftrag zum Text bzw. dessen Thematik**
   Zu den entsprechenden Schreibformen zählen insbesondere: erzählen, schildern, einen inneren Monolog verfassen, einen Tagebucheintrag verfassen, einen persönlichen Brief schreiben, einen Dialog schreiben.

Zu III. Erschließen eines literarischen Textes

In diesem Aufgabenbereich setzen sich die Schülerinnen und Schüler mit einem literarischen Text (z. B. Kurzgeschichte, Auszug aus einem Roman, einer Novelle, einer Erzählung, satirischer Text) auseinander, den sie anhand von fünf Aufgabenstellungen erschließen:

1. **Inhaltszusammenfassung**
2. **Untersuchen und Reflektieren der Sprache des Textes**
   Dies kann mit Blick auf den gesamten Text, einen bestimmten Textabschnitt, eine vorgegebene Anzahl sprachlicher Mittel/Auffälligkeiten oder ausgehend von einer vorgegebenen These (z. B.: „Der Autor schreibt in einem auffällig schildernden Stil. Beschreiben Sie die entsprechenden sprachlichen Mittel und deren Wirkung.") erfolgen.
3. **Erschließen einer weiteren Besonderheit des Textes (z. B. Figurencharakterisierung, Textsorte, Zusammenhang zwischen Text, Entstehungszeit und Autorenbiografie)**
   Um dem Besonderen des jeweiligen Textes gerecht zu werden, können Aufgabenstellungen auch einen entsprechend textspezifischen Zuschnitt erhalten oder verschiedene Aspekte kombinieren (z. B.: „Der Romanauszug spielt in der Nachkriegszeit. Überprüfen Sie diese Aussage und erläutern Sie Ihr Ergebnis anhand entsprechender Textstellen." / „Der Autor erhielt für seine Romanreihe verschiedene Preise, unter anderem einen Schülerliteraturpreis. Erläutern Sie anhand dieses Auszugs, weshalb seine Romane so beliebt sind.").
4. **Begründete Stellungnahme (ca. 250 Wörter) zu einer Aussage des Textes oder einer Frage- bzw. Problemstellung, die der Text aufwirft**
5. **„Offenerer" Schreibauftrag zum Text bzw. dessen Thematik**
   Zu den entsprechenden Schreibformen zählen insbesondere: erzählen (z. B. eine Leerstelle füllen, einen Text fortsetzen, aus einer anderen Perspektive erzählen), schildern, einen inneren Monolog verfassen, einen Tagebucheintrag verfassen, einen persönlichen Brief schreiben, einen Dialog schreiben.

In den Aufgabenbereichen II und III ist die Anfertigung einer gesonderten Gliederung **nicht** erforderlich.

In allen drei Aufgabenbereichen gehören selbstverständlich auch eine **Einleitung und ein Schluss** zum Textganzen.

Musteraufgaben des ISB Bayern

Thema 1: Materialgestütztes Argumentieren

Erörtern Sie mögliche Ursachen für mangelnde Zivilcourage in unserer Gesellschaft und zeigen Sie auf, wie Zivilcourage bei jungen Menschen gefördert werden kann.

Beziehen Sie die beigefügten Materialien sowie eigenes Wissen und eigene Erfahrungen sinnvoll in Ihre Argumentation ein. Wenn Sie Informationen aus den Materialien wörtlich oder sinngemäß übernehmen, müssen Sie dies in Ihrem Aufsatz angeben.

Medienmeldung vom 11. 04. 2018

Material 1

Hohe Auszeichnung für Nicklas Neubauer

Bad Kötzting. Ministerpräsident Markus Söder hat am Mittwoch die Bayerische Rettungsmedaille und Christophorus-Medaille in München verliehen. Er sagte: „Bayern dankt seinen Rettern für ihren selbstlosen Einsatz in größter Not, ihre Mitmenschlichkeit ist Vorbild für uns alle.“ Die Bayerische Rettungsmedaille wurde an 45 Lebensretter vergeben. Außerdem überreichte Söder an 54 Personen die Christophorus-Medaille. Einer davon war der 20-jährige Nicklas Neubauer. Er wurde Zeuge einer handgreiflichen Auseinandersetzung zweier Gruppen bei einer Diskothek in Bad Kötzting, wobei ein Mann zu Boden fiel und von einem anderen attackiert wurde. Neubauer forderte den Angreifer auf, damit aufzuhören, und wurde selbst von einem anderen Mann bewusstlos geschlagen.

Lob gab es auch von Landrat Franz Löffler: „Ihr selbstloser Einsatz ist ein herausragendes Beispiel für Zivilcourage und Verantwortungsbewusstsein“, heißt es in einer Pressemitteilung des Landratsamtes.

Quelle: Hohe Auszeichnung für Nicklas Neubauer, Mittelbayerische Zeitung vom 11. 04. 2018, Bayerische Staatskanzlei, www.mittelbayerische.de/region/cham-nachrichten/hohe-auszeichnung-fuer-nicklas-neubauer-20909-art1636127.html

Aus einem Handbuch zur Gewaltprävention

Material 2

Wie reagiere ich selbst eigentlich, wenn ...

- negative Vorurteile über andere verbreitet werden?
- eine Schülerin / ein Schüler bloßgestellt wird?
- ausländerfeindliche Witze erzählt werden?
- ein Erwachsener ein Kind schlägt?
- in einer Gruppe über Abwesende herabsetzend geredet wird?
- rechtsextreme Parolen verbreitet werden?
- ein Tier gequält wird?
- Andersdenkende beleidigt werden?

Quelle: Günther Gugel: Handbuch Gewaltprävention I, Tübingen 2010.

Material 3

Aus der Ankündigung einer Radiosendung vom 18. 09. 2017 zum Thema Zivilcourage

Warum aber geschieht es immer wieder, dass „Hilfeleistung unterlassen" wird, dass Passanten nichts sehen oder nichts sehen wollen? Über diese Fragen hat die Autorin Jeannette Hagen ein Buch geschrieben: „Die leblose Gesellschaft" – Untertitel: „Warum wir nicht mehr fühlen können".

„Ich glaube, dass ein Hauptgrund ist, dass unsere Aufmerksamkeitsschwelle mittlerweile so weit verschoben ist, dass wir viele Dinge überhaupt nicht mehr an uns ranlassen – vieles ist völlig normal geworden, es ist ‚normal', dass Obdachlose auf der Straße liegen; es ist ‚normal', dass Flüchtlinge im Mittelmeer ertrinken. Das löst bei vielen überhaupt keine Emotionen mehr aus. Anderen sind die Gefühle regelrecht abtrainiert worden – wir kennen das aus der Erziehung, wir haben alle Sätze gehört wie: ‚Hab dich nicht so!' Es ist in unserer Gesellschaft nicht cool, Gefühle zu zeigen."
(Jeannette Hagen)

Quelle: Jeannette Hagen: Zivilcourage, BR vom 18. 09. 2017.

Material 4

Aus einem Interview mit dem Münchener Sozialpsychologen Dieter Frey

ZDF: Worin unterscheidet sich Zivilcourage von einer Hilfeleistung?
Frey: Bei einer Hilfeleistung krieg ich positives Feedback von der ganzen Umgebung. Ich helfe einem Nachbarn oder einem Kranken, unterstütze mit Geld und alle sagen „prima". Bei der Zivilcourage ist das anders: Da gibt es einen Täter, der Unrecht tut, und es gibt ein Opfer und viele Menschen, die wegschauen. In einem solchen Fall ist es notwendig, dass ich aktiv werde, indem ich das Opfer schütze, den Täter möglicherweise neutralisiere und es der Polizei melde. Und das ist auch gefährlich. Oft bin ich in einer Minderheitsposition und bekomme nicht unbedingt Beifall für meinen Einsatz. Die Kunst ist nun, den Mut aufzubringen, da einzuschreiten.

ZDF: Wie kann man eine solche Bereitschaft stärken?
Frey: Indem man Menschen vermittelt, jeder ist dazu fähig und jeder sollte es auch machen. Dazu muss man Wissen transportieren und dieses auch in Rollenspielen veranschaulichen, beispielsweise wie geht man mit ausländerfeindlichen Äußerungen oder Mobbing am Arbeitsplatz um.

ZDF: Ist Zivilcourage also lernbar?
Frey: Aufgrund unserer Forschung eindeutig. Man braucht ein Grundwissen, was man tun könnte, was man tun sollte und was man auf keinen Fall tun sollte. Zum zweiten, wenn man dieses Wissen hat, muss man dieses üben, um Handlungskompetenzen zu erwerben. Solche Automatismen kann jeder lernen. Natürlich werden es eher Menschen lernen, die gleichzeitig ein Verantwortungsgefühl haben. Aber das Hochinteressante ist, wenn man Wissen und Handlungskompetenzen vermittelt, erhöht sich auch das Verantwortungsgefühl, bei Verletzung der Menschenwürde tatsächlich einzuschreiten.

ZDF: Warum sind wir auf Zivilcourage im Alltag angewiesen?
Frey: Ob vor Gericht, in Betrieben oder in der Familie: Es ist wichtig, dass engagierte Bürger ein wachsames Auge haben, wo Menschenwürde verletzt wird, und die dann einschreiten. Eine Demokratie ist auf Dauer nicht aufrechtzuerhalten, wenn wir nicht einen gewissen Prozentsatz solcher Menschen haben.

Quelle: Dieter Frey: Zivilcourage, ZDF.de

Gedicht

Material 5

Gründe

„Weil das alles nicht hilft
Sie tun ja doch was sie wollen
Weil ich mir nicht nochmals
die Finger verbrennen will
Weil man nur lachen wird:
Auf dich haben sie gewartet
Und warum immer ich?
Keiner wird es mir danken
Weil da niemand mehr durchsieht
sondern höchstens noch mehr kaputtgeht
Weil jedes Schlechte
vielleicht auch sein Gutes hat
Weil es Sache des Standpunktes ist
und überhaupt wem soll man glauben?
Weil auch bei den anderen nur
mit Wasser gekocht wird
Weil ich das lieber
Berufeneren überlasse
Weil man nie weiß
wie einem das schaden kann
Weil sich die Mühe nicht lohnt
weil sie alle das gar nicht wert sind"
Das sind Todesursachen
zu schreiben auf unsere Gräber
die nicht mehr gegraben werden
wenn das die Ursachen sind

Erich Fried (1921–1988)

Zeichnung

Material 6

Quelle: © Jan Reiser

Material 7

Aus dem Strafgesetzbuch

§ 323c – Unterlassene Hilfeleistung

Wer bei Unglücksfällen oder gemeiner Gefahr oder Not nicht Hilfe leistet, obwohl dies erforderlich und ihm den Umständen nach zuzumuten, insbesondere ohne erhebliche eigene Gefahr und ohne Verletzung anderer wichtiger Pflichten möglich ist, wird mit Freiheitsstrafe bis zu einem Jahr oder mit Geldstrafe bestraft.

Material 8

Ergebnisse psychologischer Forschung

Helfen oder nicht?

Am 27. März 1964 druckte die New York Times einen der erschreckendsten Artikel in ihrer 155-jährigen Geschichte. Er begann mit dem Satz: „Mehr als eine halbe Stunde lang schauten 38 achtbare, gesetzestreue Bürger in Queens zu, wie ein Mörder eine Frau in Kew Gardens belästigte und auf sie einstach." Die Frau hieß Kitty Genovese. Sie war 28 Jahre alt und starb in dieser Nacht. Nach den Gründen für die Passivität befragt, gab einer später zu Protokoll: „Ich wollte da nicht hineingezogen werden."

Die beiden Psychologen John Darley und Bibb Latané wollten es genauer wissen: Waren diese Zuschauer alle schlechte Menschen, Monster? Was ist die Ursache für die Untätigkeit? Sie untersuchten Ende der 60er-Jahre die Prozesse, die ablaufen, wenn Menschen mit Notsituationen konfrontiert werden:

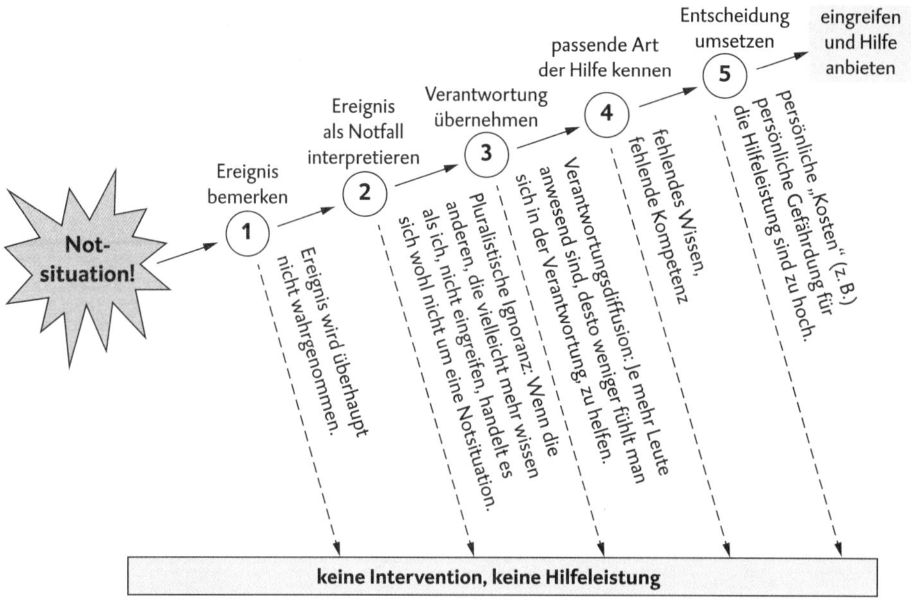

Quelle: hda: Wenn Forscher Crash-Test-Dummy spielen, SPIEGEL vom 10. 06. 2009, www.spiegel.de/wissenschaft/mensch/verrueckte-experimente-wenn-forscher-crash-test-dummy-spielen-a-627702.html
Grafik: eigene Darstellung nach: www.hasen.esslingen.de

Aus einer Linksammlung zum Thema Zivilcourage

Material 9

step21 Initiative für Toleranz und Verantwortung

Mit seinem medienpädagogischen Programm bestärkt step21 seit mehr als zehn Jahren Kinder und Jugendliche darin, Selbstbewusstsein und Rückgrat zu entwickeln, um gegen Unrecht, Diskriminierung und Gewalt aufzustehen und als Vorbild in unserer Gesellschaft zu wirken. Kernelement sind Medienboxen sowie regionale, bundesweite und internationale Projekte, Aktionen und Begegnungen.

Schule ohne Rassismus – Schule mit Courage

ist ein Projekt des Vereins Aktion Courage e.V. Mindestens 70 Prozent aller Personen, die an einer solchen Schule lernen und arbeiten, erklären sich bereit, dass sie eingreifen, wenn an ihrer Schule Gewalt, diskriminierende Äußerungen oder Handlungen ausgeübt werden, und dass sie sich dafür einsetzen, in einer offenen Auseinandersetzung mit diesem Problem gemeinsam Wege zu finden, sich respektvoll zu begegnen.

Quelle: nach: step21 – Initiative für Toleranz und Verantwortung Jugend fordert! gGmbH; Logo: © Stiftung Jugend fordert! step21; nach: Schule-ohne-Rassismus.org; Logo: Schule ohne Rassismus – Schule mit Courage

Thema 2: Erschließen eines pragmatischen Textes

Invasion der Luftquirle

Nirgendwo starten so viele Profi-Drohnen wie in Hamburg. Doch das dürfte erst der Anfang sein. Denn die Einsatzmöglichkeiten der fliegenden Augen sind für viele Branchen interessant. Nur Hobbypiloten machen immer mal wieder Ärger.

Von Steve Przybilla

Ein eisiger Wind pfeift in der Hamburger Hafencity. Timm Korth (41) knöpft die Jacke bis ganz oben zu. „Windstärke fünf ist für unseren *Oktopus* fast schon zu stark", sagt der Filmproduzent und blickt sorgenvoll in den Himmel. *Oktopus* ist ein selbst gebauter Multikopter mit acht Rotoren, 4,9 kg Gewicht und einer 20-Megapixel-Kamera. Ein Außenstehender würde das Gerät einfach als Drohne bezeichnen. Korth sagt: „Er ist eine ganz treue Seele." *Oktopus* hat schon viel erlebt. Er hat die Elbe überquert, Turbulenzen überstanden und sogar einen stehenden Airbus A380 umrundet. Alles ganz legal, versteht sich, denn *Oktopus* ist mehr als ein Spielzeug. Er ist ein Arbeitsgerät. Ein fliegendes Auge. Seine Aufgabe: möglichst schöne und gleichzeitig präzise Luftbilder erstellen.

„Unsere Auftraggeber haben ganz genaue Vorstellungen davon, was sie wollen", sagt Korth. Zusammen mit seinem Geschäftspartner Marc Asmussen (42), einem gelernten Bauingenieur, Elektrotechniker und Modellflieger, hat er vor drei Jahren ein Kleinunternehmen für professionelle Luftaufnahmen gegründet. Seither fotografieren sie aus der Luft – für Immobilienmakler, Projektentwickler und Konzerne, die ihre Produkte in Szene setzen wollen. Dabei überlassen sie nichts dem Zufall: Auf einem Bildschirm sieht Korth, was *Oktopus* sieht. Daneben ein Laptop, der alle Vitaldaten anzeigt: Höhe, Position, Beschleunigung, Stromverbrauch. Und natürlich die Fernsteuerung. Als kürzlich ein Vogel mit *Oktopus'* Rotoren kollidierte, geriet die Drohne kurz ins Schlingern. Doch Asmussen brachte den Flieger heil runter. Er kennt jede Schraube, jede Lötstelle. Er hat das Gerät selbst konstruiert.

Am Hamburger Himmel ist *Oktopus* längst nicht mehr allein. Im vergangenen Jahr erteilte die Luftverkehrsbehörde 618 Aufstiegsgenehmigungen. Das macht die Hansestadt zum Spitzenreiter in Deutschland. Wobei die Behörde nur die gewerblichen Starts erfasst. Wer die Geräte zum Privatvergnügen nutzt, eine Höhe von 30 Metern nicht überschreitet und sich von Flughäfen sowie anderen Sperrzonen fernhält, braucht keine Erlaubnis. Und genau da fangen die Probleme an.

„Ich finde diese Regelung ungerecht", sagt Drohnen-Profi Korth. Zwar habe er mit den Behörden nur gute Erfahrungen gemacht. Doch ihn stört das Prinzip: „Letztens hat direkt neben mir ein Privatmann seine Drohne gesteuert. Ich musste meinen Start mit zehn Ämtern abklären, er mit keinem einzigen. Und am Ende hatte er genauso schöne Bilder." Korth ist überzeugt, dass auch Hobbypiloten ihre Bilder ins Internet stellen – auch wenn das aus

Datenschutzgründen verboten ist. „Unter solchen schwarzen Schafen leiden wir alle“, klagt der Drohnen-Pilot. „Neulich ist sogar die Polizei angerückt, weil ein Anwohner dachte, wir filmen heimlich sein Wohnzimmer. Dabei hatten wir eine Genehmigung.“ Das konnte der Anwohner freilich nicht wissen, zumal sich Beschwerden häufen, seit Drohnen für weniger als 100 Euro im Baumarkt erhältlich sind. Heimliche Luftbilder der Nachbarin, die sich im Garten sonnt? Technisch längst möglich.

Die Hamburger Wirtschaftsbehörde hat noch andere Sorgen. Es gibt dort eine eigene Abteilung, die sich nur mit Drohnen beschäftigt. Harry Denz, der zuständige „Aerodrome Inspector“, sagt: „Die meisten halten sich an die Vorschriften. Aber es gibt eben diejenigen, die gerne mal das Cockpit eines landenden Flugzeugs filmen möchten.“ Auch solche Fälle hat es in Hamburg gegeben. Schon mehrmals haben Piloten den Tower vor Drohnen in der Einflugschneise gewarnt. Das Landeskriminalamt hat im Anschluss wegen gefährlichen Eingriffs in den Luftverkehr ermittelt, eine Straftat, die mit bis zu zehn Jahren Haft geahndet werden kann. Doch wenn die Polizei kommt, suchen die Hobbypiloten schnell das Weite.

Auf Bundes- und EU-Ebene wird bereits eine Gesetzesverschärfung diskutiert. In Zukunft müssten dann alle Drohnen – auch private – registriert werden, damit ihre Besitzer im Falle eines Verstoßes oder Unfalls auffindbar sind. Denz hält das für einen guten Weg, gerade auch, weil er die neue Technologie nicht verteufeln möchte. In Hamburg müssen Drohnen-Piloten schon heute beweisen, dass sie ihre Geräte im Griff haben. Wer zum ersten Mal eine Aufstiegserlaubnis beantragt, wird zum „Vorfliegen“ in die Wirtschaftsbehörde gebeten. Ein einheitlicher Drohnenführerschein, der auch staatlich anerkannt wird, existiert bisher nicht. Daher die Flugshow im Amt.

Auch der Handel spürt den Trend zum unbemannten Flugobjekt. Ein alteingesessenes Hamburger Modellflug-Geschäft hat eine eigene Abteilung nur für Drohnen eingerichtet. „Seit drei Jahren hat der Markt deutlich angezogen“, berichtet Inhaber Dirk Marquard. „Wir machen inzwischen 30 Prozent unseres Umsatzes mit Drohnen, wobei 80 Prozent die Geräte gewerblich nutzen.“ Die Technik, die früher nur Fachleuten und Bastlern vorbehalten war, ist nun für verschiedenste Branchen interessant – vom Landwirt, der seine Felder überprüft, bis hin zum Dachdecker, der nach Schäden sucht. Die gute Nachricht: Laut Marquard fliegt die neueste Generation von Profi-Drohnen nicht mehr einfach so in einen gesperrten Bereich. „Da sind alle Flugverbotszonen eingespeichert. Keines dieser Geräte wird sich einem Flughafen mehr als fünf Kilometer nähern.“

Reinhard Gedack (64), ein ehemaliger Airbus-Ingenieur, denkt schon einen Schritt weiter. Auf dem Laptop zeigt er den Entwurf einer unbemannten Rettungsdrohne, die er möglichst bald auf den Markt bringen möchte. „Wir könnten sie einsetzen, um Personen aus brennenden Hochhäusern zu retten“, sagt Gedack. Überhaupt sei der Bedarf groß und das Potenzial riesig. Schon heute könne man Windräder, Schornsteine und Hochwassergebiete per Drohne kontrollieren. „Was in Zukunft noch alles hinzukommt? Das werden wir sehen. Auf jeden Fall fängt die Entwicklung gerade erst an.“

Quelle: Steve Przybilla: Invasion der Luftquirle, Süddeutsche Zeitung vom 27. 05. 2016, https://www.sueddeutsche.de/auto/trend-zur-drohne-invasion-der-luftquirle-1.3005496 (Text zu Prüfungszwecken gekürzt und verändert)
Foto: Tyler Olson. Shutterstock (Das verwendete Foto entspricht nicht der Original-Aufgabenstellung, zeigt aber ein sehr ähnliches Motiv.)

Aufgaben

Lesen Sie den Text „Invasion der Luftquirle“ sorgfältig durch und bearbeiten Sie dann die folgenden Aufgaben.

1. Fassen Sie den Inhalt des Textes so zusammen, dass der Aufbau erkennbar wird.
2. Beschreiben Sie auffällige sprachliche Mittel und deren Wirkung in den Zeilen 9 bis 53.
3. Um welche Textsorte handelt es sich? Begründen Sie Ihre Entscheidung.
4. Manche fordern aufgrund der im Text erwähnten Probleme ein Verbot von privaten Drohnenflügen. Nehmen Sie dazu ausführlich (etwa 250 Wörter) Stellung.
5. „Was in Zukunft noch alles hinzukommt? Das werden wir sehen. Auf jeden Fall fängt die Entwicklung gerade erst an.“ (Z. 166–169) Erzählen Sie anschaulich, wie Sie in der Zukunft Transport- und/oder Personendrohnen in Ihrem Alltag benutzen.

Thema 3: Erschließen eines literarischen Textes

Ingrid Noll: „Ehrenwort“

– Romanauszug –

„Kopf oder Schwanz?“, fragte die Großmutter immer, wenn sie den Vanillepudding aus der Form gestürzt hatte und anschließend verteilte. Da Mizzi mit der Antwort schneller war als ihr kleiner Bruder, landete der Schwanz bei Max. Mit kindlicher Grausamkeit malte ihm seine Schwester aus, was da alles auf seinem Teller lag. Daraufhin verekelte Max ihr den Kopf: Im Maul steckte bestimmt ein Wurm, und erst die glotzenden Fischaugen! Die Eltern und die beiden Alten machten sich ungerührt über den Bauch her. Nachdem die Großmutter gestorben war, wurde die Fischform nicht mehr gebraucht, doch sie hing immer noch in der Küche. Mittlerweile wusste Max auch, was sich dahinter verbarg: der Schlüssel für den kleinen Tresor, der in den Tiefen des Küchenbuffets angeschraubt war. Noch heute, viele Jahre später, erinnerte sich Max bei jedem Besuch an Großmutters leckeren Vanillepudding und daran, wie es nach Zimt, Äpfeln und Zitronen duftete. Heute roch es leider anders, der Witwer lüftete kaum und rauchte ständig. Seit Max einen Führerschein besaß, war er für den Opa zuständig, tauschte Glühbirnen aus, mähte den Rasen oder brachte einen Luftpostbrief zur Post. Auch die an Altersschwäche gestorbene Katze hatte er beerdigt. Mit der Zeit kamen weitere Aufgaben hinzu. Nach vollbrachter Tat nickte der Alte immer wohlwollend, angelte den Schlüssel aus der Fischform, öffnete sein Schatzkästchen und zog einen einzelnen Geldschein aus dem dicken Stoß heraus. Er ging nur selten zur Bank und hob dann stets eine größere Summe ab. Meistens hatte sein Großvater einen lateinischen Spruch auf den Lippen, dessen Bedeutung Max mit der Zeit erfasste. Nicht zuletzt *pecunia non olet:* Auch Max fand, dass Geld nicht stank. Max wartete immer hoffnungsvoll auf dem grünen Küchensofa, das dort stand, seit er denken konnte. [...] In seiner Kindheit war ein Besuch bei den Großeltern stets ein Abenteuer gewesen, inzwischen war es eher Pflicht oder, besser gesagt, ein lukrativer Job.

Schon immer wollte der Großvater seinem Enkel gefallen und redete mit ihm in beinahe vertraulichem Ton, auch wenn seine Sprache längst aus der Mode gekommen war. „Junge, ob du es glaubst oder nicht, ich war mal ein toller Hecht – so wie du –, und deine Großmutter eine kesse Biene!“

Max kannte das vergilbte Foto von Hecht und Biene. Willy in Uniform, Ilse im Dirndlkleid. Er streng und kantig, sie verträumt und hausbacken, alle beide dünn und hochgewachsen.

Meistens steckte ihm sein Opa 100 Euro fürs Benzin und für Zigaretten zu, weil sie unter Männern waren. Mit neunzehn hatte Max sich das Rauchen zwar weitgehend abgewöhnt, doch das brauchte der Großvater nicht unbedingt zu wissen. Eines Tages flog es beinahe auf: „Max, deine Mutter hat gesagt, du rauchst schon seit einem Jahr nicht mehr!“ Max wurde rot und stotterte: „Mütter wissen auch nicht alles ...“ Der Alte grinste zwar verständnisvoll, rückte aber keinen einzigen Schein heraus. Und das ausgerechnet an jenem Tag, als Max ihm zum ersten Mal – mühselig und mehr schlecht als recht – die gelblich verfärbten, steinharten Zehennägel abgeknipst hatte.

Es kann verhängnisvoll sein, wenn man eine gewisse Summe fest eingeplant hat, weil man sie einem gnadenlosen Typen pünktlich abliefern muss. Nachdem Max recht verzweifelt das großväterliche Haus verlassen hatte, kehrte er noch einmal um. Schließlich wusste er, wo „Barthel den Most holt“. Einen Hausschlüssel besaß Max schon seit zwei Jahren. Der Opa hörte fast nie, wenn sein Enkel hereinkam, und falls doch, konnte er sich immer noch herausreden. Im Wohnzimmer lief der Fernseher, wie gewöhnlich unerträglich laut. Max angelte sich den Schlüssel aus der Puddingform, schloss den Tresor auf und bediente sich.

Einen Monat später erzählte ihm seine Mutter mit besorgter Miene, dass Opa *seine* Frau Künzle entlassen habe. Max wunderte sich nicht weiter darüber: In letzter Zeit sah es beim Großvater aus wie im Schweinestall. Doch dann erfuhr er, dass die Frau Geld gestohlen habe. Seine Mutter wollte das allerdings nicht recht glauben; sie dachte, der Alte hätte seine Moneten verlegt und die Haushaltshilfe zu Unrecht beschuldigt. „Das passiert in Altenheimen fast täglich“, sagte sie, „die Senioren können ihren Schmuck nicht finden, weil sie ihn unter der Matratze gebunkert haben, sie suchen vergeblich nach Fotos, Briefen oder Bargeld, erinnern sich nicht, wo sie es diesmal hingesteckt haben. Die Pflegerinnen sind an Verdächtigungen gewöhnt, aber Frau Künzle, die sich so viele Jahre lang für Oma und Opa abgerackert hat, ist bis ins Mark getroffen.“ Wenn das Geld noch in seinem Besitz gewesen wäre, hätte Max es heimlich wieder hingebracht. Seine Mutter meinte noch: „Wir müssen uns wohl bald einmal eine andere Lösung einfallen lassen.“ „Eine Polin“, schlug Max vor. „Bei seinen Vorurteilen gegenüber Ausländern? Aber du kannst ein gutes Werk tun“, meinte sie und schob ihrem Sohn einen Fünfziger hin, „und ihm den Korb mit Wäsche bringen. Vielleicht könntest du ihm auch sonst ein bisschen mehr unter die Arme greifen.“ „Man müsste mal die Wände weißeln“, sagte Max und dachte dabei an einen größeren Auftrag. Aber seine Mutter fand, es lohne sich nicht, im Grunde dürfe der Opa überhaupt nicht mehr alleine wohnen. „Okay“, sagte Max, „dann kann er ja in Mizzis Zimmer einziehen.“ Seine Mutter lachte nur. „Bring das mal deinem Vater bei!“ Der hoffte nämlich immer noch, dass seine Tochter ins elterliche Nest zurückkehren würde.

Quelle: Ingrid Noll: „Ehrenwort“, Diogenes Verlag Zürich, 2012, S. 5–9.

Informationen zur Autorin

Ingrid Noll, geboren 1935 in Shanghai, Autorin zahlreicher Romane, schreibt meist „bitterböse“ Komödien über die Tücken des Lebens sowie die Höhen und Tiefen zwischenmenschlicher Beziehungen.

Informationen zum Roman

Nach einem Sturz und einem Krankenhausaufenthalt wird der fast 90-jährige Willy Knobel im Haus seines Sohnes aufgenommen und hauptsächlich von Enkel Max und Schwiegertochter Petra gepflegt, was mit allerhand Schwierigkeiten verbunden ist.

Aufgaben

Lesen Sie den Auszug aus dem Roman „Ehrenwort“ sorgfältig durch und bearbeiten Sie dann die folgenden Aufgaben.

1. Fassen Sie den Textinhalt zusammen.
2. Untersuchen Sie besonders auffällige sprachliche Mittel und beschreiben Sie deren Wirkung. Beschränken Sie sich auf sechs unterschiedliche Merkmale.
3. Charakterisieren Sie Max und seinen Großvater. Gehen Sie dabei auch auf deren Verhältnis ein.
4. Das Zusammenleben mehrerer Generationen unter einem Dach bringt Vor- und Nachteile mit sich. Legen Sie sich auf einen Standpunkt fest und erörtern Sie diesen (etwa 250 Wörter).
5. Max möchte später seinen Fehler wiedergutmachen. Welche Möglichkeiten könnte er in Betracht ziehen und wozu könnte er sich letztendlich entschließen? Verfassen Sie einen inneren Monolog.

Original-Abschlussprüfung 2022
Deutsch

Um dir die Prüfung 2022 schnellstmöglich zur Verfügung stellen zu können, bringen wir sie in digitaler Form heraus.

Sobald die **Original-Prüfungsaufgaben 2022** zur Veröffentlichung freigegeben sind, können sie als PDF auf der Online-Plattform *MyStark* heruntergeladen werden (Zugangscode vgl. Farbseiten vorne im Buch).

Prüfung 2022

www.stark-verlag.de/mystark